南無本師釋迦牟尼佛

無罣礙

《心經》讓你放下

索達吉堪布　著

台灣版作者序

在當今瞬息萬變的時代，心靈的困惑和煩惱如陰霾般與日俱增。許多人在物質的迷霧中迷失了方向，渴望找到一條通往內心寧靜的道路。在這樣的背景下，作為佛教經典中的瑰寶，《心經》無疑是那照亮前行之路的明燈。

本書從藏傳佛教的獨特視角出發，深入剖析《心經》，並緊密圍繞藏文版本的教義，呈現了「萬法皆空」真實而深刻的教誨。

《心經》猶如一把鑰匙，能夠開啟我們心靈深處的智慧之門。它不僅揭示了生命的真諦，還教會我們在面對生活挑戰時，如何獲得內心的平和與自由。在這部經典的引導下，讀者將學會超越一切執著，找到屬於自己的心靈喜樂。

能有機會將蘊含卓越智慧的《心經》呈現給大眾，我深感榮幸。這不僅是對《心經》教義的傳播，更是向每一位渴望心靈解脫的讀者發出真誠的呼喚。願每位讀者在人生旅程中，與《心經》相伴，找到內心的昇華與自在，讓生命在佛法的照耀下愈加豁達、明亮。

索達吉 二〇二四年九月三十日

本書為索達吉堪布二〇〇六年二月於喇榮五明佛學院的六日宣講集結整理

目次

心經科判

般若波羅蜜多心經

唐三藏法師玄奘奉詔 譯

觀自在菩薩，行深般若波羅蜜多時，照見五蘊皆空，度一切苦厄。

舍利子，色不異空，空不異色，色即是空，空即是色，受想行識亦復如是。

舍利子，是諸法空相，不生不滅，不垢不淨，不增不減。是故空中無色，無受想行識，無眼耳鼻舌身意，無色聲香味觸法，無眼界乃至無意識界，無無明亦無無明盡，乃至無老死，亦無老死盡，無苦集滅道，無智亦無得。

以無所得故，菩提薩埵；依般若波羅蜜多故，心無罣礙；無罣礙故，無有恐怖，遠離顛倒夢想，究竟涅槃。

三世諸佛依般若波羅蜜多故，得阿耨多羅三藐三菩提。

故知般若波羅蜜多，是大神咒，是大明咒，是無上咒，是無等等咒，能除一切苦，真實不虛。

故說般若波羅蜜多咒，即說咒曰：

揭諦揭諦 波羅揭諦 波羅僧揭諦 菩提薩婆訶

般若波羅蜜多心經

（燉煌石室本）

國大德三藏法師沙門法成譯

如是我聞：

一時薄伽梵住王舍城鷲峰山中，與大苾芻眾及諸菩薩摩訶薩俱。爾時，世尊等入甚深明了三摩地法之異門。復於爾時，觀自在菩薩摩訶薩行深般若波羅蜜多時，觀察照見五蘊體性悉皆是空。

時，具壽舍利子，承佛威力，白聖者觀自在菩薩摩訶薩曰：「若善男子欲修行甚深般若波羅蜜多者，復當云何修學？」作是語已。

觀自在菩薩摩訶薩答具壽舍利子言：「若善男子及善女人，欲修行甚深般若波羅蜜多者，彼應如是觀察，五蘊體性皆空。色即是空，空即是色。色不異空，空不異色。如是受、想、行、識亦復皆空。是故舍利子！一切法空性無相，無生無滅，無垢離垢，無滅無增。舍利子！是故爾時空性之中，無色、無受、無想、無行亦無有識。無眼、無耳、無鼻、無舌、無身、無意。無色、無聲、無香、無味、無觸、無法。無眼界乃至無意識界。無無明亦無無明盡，乃至無老死亦無老死盡。無苦、集、滅、道，無智無得亦無不得。是故舍利子！以無所得故，諸菩薩眾依止般若波羅蜜多，心無障礙，無有恐怖，超過顛倒，究竟涅槃。三世一切諸佛亦皆依般若波羅蜜多故，證得無上正等菩提。舍利子！是故當知般若波羅蜜多大密咒者，是大明咒，是無上咒，是無等等咒。能除一切諸苦之咒，真實無倒。故知般若波羅蜜多是秘密咒。」

即說般若波羅蜜多咒曰：

「峨帝 峨帝 波囉峨帝 波囉僧峨帝 菩提 莎訶」

「舍利子！菩薩摩訶薩應如是修學甚深般若波羅蜜多。」

爾時，世尊從彼定起，告聖者觀自在菩薩摩訶薩曰：「善哉，善哉！善男子！如是，如是！如汝所說。彼當如是修學般若波羅蜜多。一切如來亦當隨喜。」

時薄伽梵說是語已。具壽舍利子，聖者觀自在菩薩摩訶薩，一切世間天、人、阿蘇羅、乾闥婆等，聞佛所說，皆大歡喜，信受奉行。

頂禮本師釋迦牟尼佛！
頂禮文殊智慧勇識！
頂禮傳承大恩上師！

無上甚深微妙法，百千萬劫難遭遇，
我今見聞得受持，願解如來真實義。

為度化一切眾生，請大家發無上殊勝的菩提心！

引言

今天開始宣講《心經》。

在藏傳佛教當中，格魯派、薩迦派、噶舉派、寧瑪派這四大教派，以及覺囊派為主的其他所有教派，都非常重視《心經》。很多人將其放在自己的念誦集裡，早晚課等時間經常念誦；很多法師也視《心經》為修行過程中不可缺少的一部經典。

在漢傳佛教當中，《心經》一直為淨土宗、禪宗、天台宗等很多宗派共同修持，各個寺院和諸位高僧大德都非常重視《心經》。可以說，學習大乘佛法的人，幾乎沒有不重視《心經》的。甚至在泰國、斯里蘭卡等南傳佛教國家，很多人也在念誦《心經》。

我曾經在學院裡講過一遍《心經》，當時聽課的人不是很多，不知道那些道友現在還剩下多少。畢竟整個社會都是無常的，眷屬是無常的，導師也是無常的，一切都在隨時改變。

從歷史上看，藏傳佛教當中《心經》的譯本只有一個，但《心經》的講義是比較多的。《丹珠爾》[1]中大概收錄了八種《心經》講義。此外，藏地還有榮敦班智達、覺囊派的多羅那他等很多論師對《心經》作過解釋。尤其值得一提的是，當年赤松德贊國王在修行等方面取得一些進步時，生起了傲慢相，著名譯師貝若扎那（亦譯為毘盧遮那、白若雜納）就將《般若波羅蜜多心經》以密宗方式作了解釋，並交給國王。這部論典，現在仍存於藏文資料當中。

印度的班智達們也很重視《心經》。在諸位論師所撰著的《心經》講義中，密宗大德布瑪莫扎所作的注釋是比較廣的。

在漢傳佛教中，《心經》的講義也是相當多的，有《心經講義》《心經直說》等。圓瑛法師、蕅益法師等很多大師都對《心經》作過解釋。有學者認為，現在

1《丹珠爾》：是藏文《大藏經》的一部分，收錄高僧大德們對經典的注疏。

漢傳佛教中研究、解釋《心經》的人，大概有一百多位。可見，《心經》在整個佛教界都流傳甚廣。

《心經》攝集佛法精華

唐玄奘所翻譯的《心經》，雖然只有二百六十個字，與五千多字的《金剛經》相比，內容不是很多。但是應該說，這部經已經濃縮了佛法的所有內涵。就像藉助於高科技手段，數量極為龐大的資訊也可以容納在一個小小的檔案中一樣。

釋迦牟尼佛所宣說的八萬四千法門，可以涵攝在三大法輪之中，而三大法輪歸根結柢又攝於第二轉法輪，第二轉法輪可以攝於《般若經》。《般若經》有廣、中、略三種，《大般若經》有十萬頌，《中般若經》有二萬五千頌，《略般若經》有八千頌。這些《般若經》集聚起來就是《般若攝頌》，而《般若攝頌》再濃縮就是《心經》。所以，《心經》是一部非常完整的經典。

最具加持的譯本

有些人想：「為什麼唐玄奘所翻譯的《心經》，前面沒有『如是我聞』等序分，後面沒有『天人、羅刹等皆大歡喜、信受奉行』等結文呢？這不是一部完整的經典吧？」這個說法是不對的。

《心經》的漢譯本大概有八個，分別由鳩摩羅什、唐玄奘、菩提流志等譯師所翻譯。在這八個譯本當中，不管在哪個國家，流傳最廣的都是唐玄奘所翻譯的版本，很多人都能背誦。

我個人對這個版本還是很有信心的。雖然它跟藏文本和其他漢文譯本都不太相同，沒有前面的序分和後面的流通分，但這個譯本是最有加持力的。

大概在一九九四年，我們去漢地的時候，在《乾隆大藏經》裡找到了跟藏譯本內容一模一樣的《心經》譯本。然而，現在凡是以漢語念誦《心經》的場合，都在使用唐玄奘的譯本。

不僅中國是這樣，國外也是如此。以前法王如意寶去美國的時候，發現那裡的很多佛教徒也在念誦這個版本的《心經》。在新加坡，法王曾參加過一個國家級的大型晚會，當時一個很大的螢幕上也出現了我們平時念誦的這個《心經》。所以，我們按照唐玄奘所翻譯的這個短短的譯本來念誦、修持，應該是可以的。

大家應該清楚，《心經》的篇幅雖然很短，但釋迦牟尼佛的所有空性教法都涵攝其中。佛陀接近涅槃的時候非常重視《般若經》，他叮囑弟子阿難：我的法全部隱沒都不要緊，但《般若經》不能隱沒、不能被摧毀，因為這就是世間的珍寶。因此，聞思《心經》是很有必要的。

《心經》與玄奘取經

另外大家也應該清楚，唐玄奘譯本之所以在漢地如此廣泛流傳，與他到西方取經的歷史也有關係。然而，人們對於這一歷史的瞭解大多來自《西遊記》。《西遊記》是帶有濃厚神話色彩的一部小說，作者根據自己的思想對玄奘取經的歷史做了很多潤色。因此，從學習佛法的角度來講，《西遊記》中的內容並不是完全可信。

據可靠史料記載，唐玄奘出發前往印度取經時有很多隨從，但快要到達印度時，身邊已經沒有其他人了。有一天，他路過一座寺廟，聽到有人在裡面大聲地哭。進去之後，他發現有一個出家人得了很嚴重的病，類似於我們現在說的痲瘋病，那位出家人的整個身體都糜爛了。

本來，玄奘取經的時間是非常緊的，但是他看到那個出家人很可憐，就沒有繼續趕路，而是留在寺院為他治病。後來，等到出家人的身體基本痊癒，他就給了唐玄奘一部梵文經典，這部經典就是《般若波羅蜜多心經》。從此以後，玄奘一路上都在讀誦這部經典。而且，每次遇到違緣和困難的時候，只要一讀《心經》，就馬上轉危為安了。

有一天，玄奘來到了恆河岸邊，他看見有幾千人聚集在一起，就過去看看熱鬧，發現是婆羅門外道在供河神。當時，印度的婆羅門教非常興盛，共有九十五個派別，有些婆羅門的境界比較高，有些境界比較低，有些甚至行持非常野蠻的行為。

按照婆羅門的傳統，每年供河神時，必須把一個年輕人扔進河裡作為供品。

那一天，婆羅門正好抓到了一個人，但是這個人有家庭、有親人，他們都依依不捨，非常痛苦。正在這時，來了一個外國人，就是唐玄奘。他們非常高興，準備用他來祭河神。

那些人把唐玄奘捆了起來，玄奘對他們說：「你們想用我來供河神，我也沒辦法，但我有個要求，請你們一定要滿我的願。」他們問：「什麼要求？」玄奘說：「我是一個出家人，每天的經必須要念完，等我念完經以後，你們怎麼做都可以。」

他們覺得這個要求並不過分，就同意了。於是玄奘開始念《心經》，念了三遍以後，天氣驟然發生變化，空中開始電閃雷鳴。這時，所有人都非常害怕，覺得這個人是不能得罪的，馬上就把他給放了。

類似的危難，在玄奘取經的過程中是非常非常多的，但最終全部依靠《般若波羅蜜多心經》而化解了。

《心經》的力量

有些漢地出家人應該清楚，在漢傳佛教的傳統中，人們會在遇到地震等危難時念誦《心經》。藏傳佛教中也有這個傳統，而且每逢藏曆十二月二十九日，人們都會念誦《心經回遮儀軌》，以《心經》的空性力來遣除下一年可能出現的違緣和邪魔外道的危害。佛經中也有公案說，帝釋天曾受到魔王波旬的危害，他就依靠觀想空性、念誦《心經》而渡過了難關。如果隨身攜帶《心經》，或者晚上睡覺時將其放在枕頭上，抑或將其供在佛堂裡，那麼你的違緣、噩夢就會依靠般若空性的加持而得以遣除。

或許有些人會問：「什麼是加持？」其實，所謂的加持就是力量。因此《心經》的加持，就是《心經》的力量。力量並非肉眼所見，卻會真實起作用。其實，任何東西都有自己的加持和力量，比如藥有藥的加持，電有電的加持等。同樣，《般若波羅蜜多心經》有空性力的加持、佛威力的加持、真實諦的加持。如果我們對《心經》具足信心，還會得到自己信心力的加持。當這些因緣聚合的時候，邪魔外道等違緣一定會被遣除。

很多人每天都念誦《心經》，念一遍的話，應該不用一分鐘，但有些修行人連這一點都覺得困難。其實，每天念三遍《心經》應該是沒有問題的。這次我講了以後，希望大家都能念誦。

但我也並不強迫，因為佛法並不是教條，也不是強制性的。佛法的教義，在於讓人們知道某種功德、利益後自覺地接受，這一點是很重要的。在座的道友們已經放下了一切、一心向佛，我想，這樣的修行人應該念誦《心經》。

傳法緣起

前段時間我去了南方等地，講了幾遍《心經》。因為我到外面也沒有灌頂、傳密法的能力，就想講一下《心經》。畢竟講聞空性法門的功德是很大的，而且在沒有佛教信仰的社會團體中講《心經》，用世間的話來說還是「吃得開」的，容易被人們接受。（眾笑）

像社會上的一些團體，雖然沒有佛教信仰，也不懂《心經》的含義，但是他們會在每天早晨上班之前，讓所有員工排成隊背一遍《心經》，雲南就有幾個這樣的團體。我去那裡的時候，手邊沒有講義，就根據以前看過的高僧大德的注疏，為他們做了一些簡單的開示。

這次我回佛學院以後，為什麼要講《心經》呢？因為近些年來學院當中都沒有講過《心經》，一些很不錯的法師也沒有聽過，以後出去的話就不一定會講。

那樣可能會被人笑話：「從世界有名的大佛學院——喇榮五明佛學院出來的大法師，連《般若波羅蜜多心經》都講不來，那你還要講什麼中觀啊，中觀的精華就是《心經》。」這樣也不太好。所以，我們這次就一起來學習一下《心經》。

《心經》的「交付」

這次我主要用唐玄奘的譯本給大家講解。原因也說了，一方面它具有殊勝的加持力；另一方面，現在海內外各個地方，只要是用漢語讀誦或學習《心經》的，幾乎都採用唐玄奘譯本。

表面上看來，唐玄奘的譯本與藏文譯本或梵文本相比，好像是有點欠缺。因為它沒有開端的緣起部分，也沒有結尾的流通分，有些人可能會感覺這樣有點不完美。但是，漢地的黃念祖老居士說過，唐玄奘當時是故意沒有翻譯前後兩部分的，主要是為了突出空性見解這一重點。這樣理解也是可以的。

我的看法是，《心經》的梵文本有很多，而唐玄奘所採用的版本，實際上是觀世音菩薩親自交給他的。昨天我也講了，根據歷史記載，唐玄奘去印度的時候，有一位老和尚給了他這本梵文《心經》，他一路上一直念誦，尤其是每次遇到違緣和危難之時，他都依靠《心經》渡過了難關。

從印度返回的途中，玄奘很想好好報答一下那位老和尚的恩德，於是就前往尋找。但是，他不僅沒有找到老和尚，連當時照顧老和尚的那座寺廟也消失得無蹤無影了。後來人們說，那位老和尚應該是觀世音菩薩的化現，是觀世音菩薩親自把梵文本的《心經》交給了唐玄奘。

我們用自己的分別念來觀察的話，這種說法應該是有道理的。因為觀世音菩薩的加持不可思議，而且《心經》是釋迦牟尼佛加持舍利子和觀世音菩薩對話而形成的一部經典，經中的主要內容都是觀世音菩薩所說。因此，如果說觀世音菩薩顯現化身把《心經》交給了唐玄奘的話，應該是有其緣起和意義的。

所以我想，大家按照這個譯本直接讀誦應該是可以的。如果要給別人講解，或研究本經的完整意思、瞭解其來龍去脈的話，那麼把前後兩部分加上去也沒有什麼不可以的。

祈禱觀世音菩薩的感應

希望大家以後在遇到違緣、困難或痛苦時，能將自心專注於空性境界並念誦《心經》，這樣一定會獲得加持。

觀世音菩薩的加持的確不可思議。以前上師如意寶也經常祈禱觀世音菩薩，每當我們學院或上師老人家的事業上顯現一些違緣時，上師就會念誦觀世音菩薩的名號或心咒「嗡瑪呢巴美吽」，以此來遣除違緣，有些道友應該記得很清楚。藏傳佛教的歷代高僧大德也都經常祈禱觀世音菩薩。

在漢地，觀世音菩薩救苦救難的事蹟和感應也相當多。尤其是古代的高僧大德們，經常祈禱觀世音菩薩來遣除修行過程中的違緣。關於這些公案有很多書籍，道友們應該看過，我在這裡就不廣說了。

哪怕是不信佛教的人，只要念誦觀世音菩薩的名號，也有相當大的功德。以前，黃念祖老居士就講過這樣一個故事，他說：我們蓮花精舍有一個人，雖然不信佛教，但他依靠念誦觀世音菩薩的名號，真正獲得了觀世音菩薩的加持和救護。

當時，美國蓮花精舍有一個人來到了中國大陸，並在此成家生子。後來，他在乘飛機回美國的途中遇到了一些違緣。正當飛機快要降落之時，飛行員神情緊張地從駕駛艙裡走出來，並告訴大家：「現在飛機出現了機械故障，我們已經沒有任何辦法了，大家需要使用降落傘等應急設備來自救。」

飛機上的人都愣住了，不知道該怎麼辦。蓮花精舍的那個人也特別害怕，但是他當時並沒有想到自己，而是想：「我剛結婚不久，如果我死了，我可憐的妻子和孩子該怎麼辦？」

這時，飛機上的人由於絕望、驚慌失措而開始大聲哭叫。蓮花精舍的那個人，雖然以前根本不信佛教，也不念佛，但是他突然想到：「以前聽人說，觀世音菩薩是救苦救難的，不管怎麼樣，我還是好好地祈禱他吧！」於是他開始念觀世音菩薩的名號。

過了一會兒，在他的感應中確實顯現了觀世音菩薩的形象，他大聲地對其他人說：「大家哭也沒有用，還是跟我一起念觀世音菩薩的名號吧，這樣還有可能渡過違緣，得到救護！」他帶領大家高聲地念誦，不知不覺中，飛機竟然順利地降落了。大家都感到非常稀奇，而那個飛行員早已昏過去了。後來，蓮花精舍的那個人把自己的親身經歷告訴了很多人，並用文字記錄了下來。

大家應該知道，黃念祖老居士對於唯物方面有一定的研究，在物理學方面貢獻也比較大，而且對佛法有著相當不錯的信心，這樣的智者一般不會對客觀事實有什麼誇張之處。

剛才所說的，並不是古代傳說或神話。我們一九八七年隨法王如意寶去五台山的時候，在漢地也聽人們說過這件事。他們說：「有人藉由念觀世音菩薩的名號，讓整個飛機上的人都得救了。」

總之，我們以後遇到違緣、痛苦的時候，也應該一心一意地祈禱觀世音菩薩或念誦《心經》。

理應生信

漢地很多人將《楞嚴咒》《大悲咒》《心經》等做成小掛件，戴在脖子上。因為佛經中經常說：如果有人把《大悲咒》或宣說空性的經典帶在身上，那麼吹過他身體的風所接觸的眾生就不會墮入三惡趣；他沐浴過的水流入江河、大海，那裡的眾生享用之後，下一世也不會墮入惡趣；經常念《心經》或《大悲咒》的人，即使是罵別人或痛斥別人，聽者也不會墮入三惡趣（這裡沒有說馬上會獲得解脫）。可見，空性法門在救護眾生方面的功德是相當大的，大家應該對此有信心。

前面講過，唐玄奘的譯本，是觀世音菩薩親自加持過的。儘管它跟其他譯本相比，在文字上有一些差別，但是我一個字也不敢改，我們就應該這樣原原本本地念誦。

這部《心經》不僅在佛教界有廣泛的流傳，而且在學術、文化等領域也非常流行，甚至在茶杯、哈達等產品上也能經常看到它。

有些世間人也喜歡書寫《心經》。前段時間，我在雲南遇到了一位殘疾人，他雖然失去了雙手（好像在火車軌道上被軋斷了），卻非常能幹。他曾被評為全國十大優秀青年——當年全中國只選了十位非常優秀的青年，他就是其中之一。

當然，他有很多優點，其中之一就是能用嘴含著毛筆寫出非常漂亮的字。他經常給人寫《心經》，很多省市長官來了之後，都會帶一幅他寫的《心經》回去。

那天有一個道友也請他寫《心經》，還給了他三千塊錢。他自己是沒有要，但他旁邊的人說：「隨便給一點……寫一個字挺貴的。」那個道友想：「這畢竟是《心經》，不管怎麼樣就當做功德吧。」

我覺得他的書法功夫非常不可思議，方便的時候我可以給你們看一下他的字。我們有手的人看了，可能會有點不好意思——人家用嘴寫的《心經》都那麼漂亮，而我們用右手花很長時間也寫不出那麼好的字。我在想，這是否也是《心經》的加持？

前段時間，我在上海仁濟醫院見到了該院的一位黨委書記。他在藝術方面有獨特的造詣，可以在僅能容納一個人名字的印章上刻下整部《心經》，因為他雕刻的筆劃比汗毛還細。我們用放大鏡來看，印章上的確有《心經》的全部內容。此外，他還是國內知名的畫家。

我想，觀世音菩薩的加持、《心經》的加持都是不可思議的。這種加持超越了佛教界，一直延伸到文化界乃至平民老百姓之中。可以說，觀世音菩薩在各個領域、以各種各樣的方式度化著眾生。

前些年，中央電視台的春節聯歡晚會上，殘疾人藝術團表演了舞蹈《千手觀音》，這個節目在國際上也獲獎了。雖然舞者都是聾啞人，但她們所呈現的千手千眼觀世音菩薩令無數眾生見而生信、流下熱淚，不信佛教的人看了都非常感動。

如果連世間人都具有這樣的信心，那我們作為佛教徒，為何不對觀世音菩薩的功德和《心經》的加持力生起信心呢？

宣講《心經》的必要

我有時會想：《心經》的功德這麼大，而很多人對《心經》的解釋卻不盡如人意。也許這是我自己的一種傲慢吧。我以前也說過很多次：有些法師、居士在不同場合都講過《心經》，對於「色不異空，空不異色」等道理看似講過了，但從比較深的層面來看，很多人的解釋就不是特別令人滿意了。另外，有些人一輩子都在念《心經》，卻無法解釋其中蘊含的道理。

大家已經學習過《中觀根本慧論》《入中論》《四百論》等很多中觀論典。

與這些相比，《心經》的篇幅很短，只有兩百多字，如果不學，也解釋不來的話，恐怕有點說不過去。

出於上述各方面的考慮，我們應該講一講《心經》。

在學習過程中，大家可以參考一下印度勝友論師的講義。

這部經總共要講多長時間，現在還不好說。如果講得廣一點，也許需要六七天，但也可能會講得略一點。聽說前段時間慈誠羅珠堪布講《心經》的時候，前面講得很廣很廣，到後面只花一天時間就念下去了，有人就在提意見（眾笑）。不知道他前面是怎麼講的，聽說是在「色不異空」這個方面講得比較廣。這兩天，我也把緣起等情況給大家做了比較廣的介紹。

《心經》題目講解

現在我們開始看《心經》的題目：般若波羅蜜多心經。

「般若波羅蜜多」這幾個字都是梵文。「般若」意為智慧。「波羅蜜多」有兩種解釋方法，一是到彼岸，二是彼岸到。那麼「到彼岸」是什麼意思呢？引申來講就是六度的「度」。所以，「般若波羅蜜多」這幾個字合起來就是「智度」。「般若波羅蜜多」在藏文中是「巴繞莫達」（པ་ར་མི་ཏ），意思也是智慧到彼岸。

智慧有幾種類別，有世間的智慧、出世間的智慧和無上的智慧。

第一種是世間的智慧。比如一個人精通電腦技術、建築工程等方面，人們就會說他很聰明，這是世間的智慧。

實際上，世間的智慧並不究竟。為什麼呢？因為世間人總是將空的東西執為不空，將無我執為有我，將不清淨執為清淨，將不快樂執為快樂——始終不離這四種顛倒。在這種情況下，他們認為科學家、文學家、物理學家等是智者。從世間角度來看，他們的確具有一定的智慧，可以被稱為智者。但從出世間最究竟智慧的角度來看，他們則不一定是真正的智者。（堪布咳嗽……）

我好長時間沒有這樣坐著了，所以稍微坐一會兒就不舒服。前段時間在醫院裡一直躺著，剛出院的時候就經常想睡下去。人的習慣確實非常有力量，如果一連睡了幾天懶覺，就不想起來了；如果連續幾天都特別精進，也就不想再睡懶覺了。

我在北京的時候，遇到了一位七十二歲的老醫生，他可以一整天都站著，但是不能坐下來。他給我巡診、做理療的時候就一直站著，我說：「您還是在沙發上坐一下吧。」他說：「不了，我可以一天都站著，但是不能坐下。」我問：「為什麼？」他說：「我二十歲的時候開始做這個工作，整天在病人面前站著，到現在七十多歲，已經不能坐下休息了，所以到了星期天我就很痛苦。」

所以，大家應該注意自己的習慣，包括坐姿、站姿等，人的很多行為的確和串習有關。以前我在這裡坐兩個小時根本沒有什麼問題，現在才一個小時就坐不住了，腳都特別痛。

剛才講到了「般若」的含義，說到世間智慧是不究竟的，儘管很多人認為這很究竟。

第二種是出世間的智慧，即聲聞阿羅漢證悟人無我的智慧。他們通達了諸行無常、有漏皆苦、諸法無我、涅槃寂靜這四法印，具有出世間的智慧。

第三種是無上的智慧，即佛陀的智慧。因為佛陀圓滿證悟了人無我和法無我，無礙通達了一切萬法的真相。

這裡講的「般若」，就是指無上的智慧。

前面說，「波羅蜜多」是到達彼岸的意思。其實世間也有「到彼岸」，比如人們完成了自己的事業。而從出世間的角度來講，輪迴是此岸，涅槃是彼岸。眾生沉溺在三界輪迴的苦海裡，還沒有渡越，所以是此岸；而涅槃在大海的另一邊，是彼岸。

誰的智慧真正到達了彼岸呢？只有佛陀，此外世間任何人的智慧都沒有到達彼岸。

在《現觀莊嚴論》中，「般若波羅蜜多」一般被稱為「智度」，這種說法比較圓滿、準確。但現在漢傳佛教的有些講義中，將「般若波羅蜜多」稱為「般若」，這種說法僅表達了「智慧」之義，而沒有「度」的內涵。所以，「般若波羅蜜多心經」如果翻譯出來，應該是「智度心經」，意為智慧到達彼岸的心經。

般若的分類

般若有四種：文字般若、自性般若、道般若、果般若。其實，四種般若就是四種智度、四種智慧波羅蜜多。因為智慧波羅蜜多常被簡稱為般若。四種般若又可歸攝為能詮般若和所詮般若。我們學中觀的時候，也學過義中觀和文字中觀的分類。

所詮般若有三種，即自性般若、果般若和道般若。自性般若，是指遠離一切戲論的萬法之本體。果般若，是指佛陀依靠智慧圓滿通達了遠離一切戲論的萬法真相。具體來說，萬法的真相是依靠諸菩薩的智慧而逐漸通達的，所以諸菩薩的智慧就是道般若。以上是所詮方面的三種般若或三種智度。

能詮智度是什麼呢？就是指能圓滿宣說自性般若、道般若和果般若的文字、詞句，也叫做文字般若。

那麼，《心經》到底是哪一種般若呢？從顯現上講，《心經》屬於文字般若。

文字般若也可以分為經典文字般若和論典文字般若。經典文字般若即我們經常提到的《大般若經》《略般若經》《心經》等。像漢傳佛教中有六百卷《大般若經》，這些內容都可以涵攝在《心經》當中。論典文字般若，即《中觀根本慧論》《中觀四百論》等論典。

以上解釋了「般若波羅蜜多」的含義。

「心」，是心要、核心的意思。

釋迦牟尼佛的所有教法都可以涵攝在空性法門當中。很多史料記載，釋迦牟尼佛轉法輪四十多年，其中二十二年都在宣說般若空性。這些空性法門可以包括在《大般若經》《略般若經》和《中般若經》當中，所有的《般若經》又可濃縮於《心經》。所以，《心經》的「心」是核心之義。

漢地一些高僧大德解釋《心經》的時候說：「心」不僅有核心的意思，還有自己本心的意思；《金剛經》中講「應無所住而生其心」，這個「心」跟《心經》

的「心」含義完全相同。

總的來講，《心經》意為涵括了佛法之核心和所有要訣的一部經。

「經」，也有很多類別，有開許的經典、加持的經典、佛陀親口宣說的經典等。《心經》屬於佛陀加持的經典，因為當時佛陀入於光明甚深等持，加持觀世音菩薩宣說了這部經典的內容。

有些道友說：「我這次出去弘法利生非常順利，這是上師您老人家的加持！我講法以後，沒有一個人不讚歎的，都說我講得太精彩了！」（眾笑）的確，如果這個上師有加持，你也講得特別好的話，那你講的可能是加持的「經」。

從《心經》的經文中也看得出來，當時佛陀什麼都沒有說就入定了。而觀世音菩薩得到了佛陀的加持後，就講了「色不異空、空不異色」等所有道理。因此說，這是一部佛陀加持的經典。

以上就是「般若波羅蜜多心經」的含義。

《心經》在文字上並不複雜，因此背誦起來也不困難，很多人都能背會。背會以後就可以隨時隨地誦這部經了。

前面也講了，如果能夠經常念誦《心經》，每個人都可依其威力遣除即生修行中遇到的違緣障礙。從出世間功德的角度來講，《心經》是般若空性的精華，觀修空性、念誦空性經典的功德不用宣說，大家應該非常清楚。因此，修持《心經》做起來非常簡單，但其意義、功德卻相當大，作為修行人應該重視。

這次講《心經》，我可能會在字面上講得稍微廣一點。

原因是，在藏傳佛教當中，《心經》自古以來就備受重視，各教各派的很多高僧大德都專門作過注釋。在漢傳佛教當中，很多出家人、居士、大學老師乃至高等學府的研究中心都在研究《心經》。我想，我們作為專門研究佛法、修行佛法的人，如果對於最根本的《心經》沒有通達，對其相關理論和觀點沒有瞭解的話，恐怕不太合理。

而且，我們這次講課的時間比較充裕，不像在外面，好像總覺得沒有時間，如果安排一天或三天來講課的話，每天都講空性也有點困難。

再者，《心經》是很甚深的空性法門，若不廣泛宣講，一般人根本接受不了。

大家應該記得，《大圓滿前行》中說[2]，阿底峽尊者在印度時，遇到兩位威儀非常清淨的比丘。尊者給他們講人無我的時候，他們很高興；講法無我的時候，他們都非常害怕；當聽到諷誦《心經》時，他們直接捂住了耳朵。後來阿底峽尊者說：「僅僅守持清淨的別解脫戒，是不能獲得成就的。」

觀察根器

可見，在印度，有些人也根本接受不了《心經》。很多剛學佛的人，一聽到《心經》的內容可能會想：「為什麼說眼耳鼻舌、色聲香味都沒有啊？我明明有眼睛、鼻子等，可以親自領受到外在的色聲香味。佛教到底在說什麼啊？」很多人不僅無法從《心經》中獲得利益，反而會生起邪見。

正因為如此，趨入大圓滿密法之前，也需要經過長時間的訓練和修習加行。中觀論典中也說，聽聞般若空性法門之前，需要一段時間的修煉，等根機、意樂各方面都比較成熟了才能聽聞。所以，空性法門也不能直接給人傳授。

有些人想：「修大圓滿對我來說有點困難，因為我還沒有修加行。但是聽《心經》肯定沒有什麼問題，因為《心經》是很簡單的法。」其實也不能這樣想，因為《心經》是非常深奧的法，剛學佛的人不一定能接受。如果你是這種情況，那就可以暫時休息幾天，過段時間聽一聽宣講因果的人天乘法門，這些就比較容易接受。

所以，對於甚深空性方面的法，大家還是要觀察一下自己的根機——不僅僅是聽聞大圓滿法要觀察，聽聞般若空性也要觀察。如果你不能接受空性教法，它對你就利益不大，甚至可能會害了你。

2 《大圓滿前行》：曾經有兩位秉持十二頭陀行的印度比丘來到阿底峽尊者面前。當尊者宣說人無我時，他們二人滿懷歡喜。當講到法無我時，二人驚恐萬分，說道：「太可怕了，請尊者切莫如此宣講。」當聽到諷誦《心經》之時，二人雙手捂著耳朵。尊者十分傷感地說：「如果沒有以慈悲心、菩提心修煉自心，對甚深法義不起誠信，而僅僅依靠護持一分清淨戒律是不能獲得任何成就的！」

關於譯者

按理來講，我們在學習《心經》之前，要先瞭解一下譯者的身份，以及他在佛教歷史上是什麼樣的人物。但由於大家對唐玄奘都比較瞭解，我在這裡就不廣說。

唐玄奘回到中國以後，本來很想再次前往印度，把翻譯出來的經典與其他梵文本再對照一下。但是唐太宗李世民覺得唐玄奘是個國寶，就一直不讓他去。當時不像現在這樣開放，很多人都是私自出國的，而且路上有各種各樣的危險，如果唐玄奘再次去印度，不一定能回來。所以，唐玄奘後來沒有再次去成印度。

當時的皇帝對唐玄奘非常尊重。他所翻譯的很多經典中都寫著「奉詔譯」，表示自己是奉皇帝之命而翻譯的。最後唐玄奘圓寂時，國家還為他舉辦了歷史上前所未有的隆重法會。

關於出家人對社會的貢獻，我在《佛教科學論》的後面提到過一些。大家翻開歷史也能看到，在有些朝代，政府和社會是如何看待出家人的。

《心經》的不同譯本

我們平時按照唐玄奘譯本來念誦、修持是很好的，同時，我們也有必要瞭解一下其他譯本。現存的《心經》漢文譯本大概有七個：

1. 後秦鳩摩羅什譯本，這應該是歷史上第一個漢文譯本，名為《摩訶般若波羅蜜大明咒經》。
2. 唐玄奘譯本，名為《般若波羅蜜多心經》。
3. 唐代法月法師譯本，名為《普遍智藏般若波羅蜜多心經》。
4. 唐代利言等人共同翻譯的版本，名為《般若波羅蜜多心經》。
5. 唐代智慧輪法師譯本，名為《般若波羅蜜多心經》。

6. 唐代法成法師譯本，名為《般若波羅蜜多心經》。

7. 宋代施護論師譯本，名為《佛說帝釋般若波羅蜜多心經》。

此外，還有唐代菩提流志的譯本，但是這個版本現在好像找不到了，《大藏經》中也未收錄。

現代也有一些人翻譯《心經》。比如以前中央民院的幾位老師對《心經》做了翻譯，但有些內容完全是從學術角度來譯的，沒有直接使用佛法名詞。在現代譯本中，任杰老師的翻譯很接近藏文本。

《心經》略本與廣本

現在學術界爭論的焦點，集中於《心經》的序分和流通分。上述幾個譯本當中，只有唐玄奘和鳩摩羅什的譯本沒有這兩部分，一般被稱為「略本」。其餘五個版本，前後兩部分都具有，被稱為「廣本」。

有些人說，唐玄奘翻譯的《心經》不全，以此否定他的譯本。

還有些人認為，廣本是不合理的。有一位大學教授在書中說，只有唐玄奘的譯本是合理的，幾個廣本都不合理。原因是：日本的《大藏經》中也有這樣的略本，而且在敦煌石窟中也發現了與此略本一模一樣的唐代古書。他認為，廣本中的序分和流通分，應該出自《大般若經》或其他經典，是後人加到《心經》中的。

這個立論應該是不成立的。因為，敦煌本《心經》和日本《大藏經》中的《心經》沒有前後兩部分，並不足以證明廣本《心經》是偽經——他當時在有些書中說，廣本《心經》是後人偽造的，序分和流通分是後人妄加的，說得特別嚴重。

其實，《心經》是《大藏經》中一部完整的經典，而不只是《般若經》的一部分。後來，他可能也得到了一些梵文的廣本《心經》，前後部分都很完整。但是他說，這是印度後人妄加的。這種說法也沒有任何依據。

以前還有一個人，好像在因明方面有一些研究，他對廣本《心經》比較贊同，而對玄奘譯本有些不滿。

大概在二〇〇一年，他在一本香港佛教雜誌上發表文章說，唐玄奘的翻譯是不合理的，原因是：藏文譯本有序分和流通分，玄奘譯本沒有；梵文本名為《聖般若波羅蜜多心經》，而玄奘譯本中沒有「聖」字；「度一切苦厄」這一段，在梵文本和藏文本中都找不到……

其實，我們沒有必要因為內容上的差別，而對不同版本做出取捨。大家也清楚，印度佛教曾遭受過三次毀滅，有些佛經版本難免遺失。而且，佛陀所宣說的法可以在眾生面前有各種顯現。像南傳佛教《大藏經》與北傳佛教《大藏經》，在很多方面都不相同；藏傳佛教小乘十八部的戒條，與南傳佛教的相關戒條也有很多差別。但是，我們不能因為這些差別而說某些經是偽經。

對於這些問題，我們要持有一個合理的觀點。當然，像我們這樣的小人物，建立自己的觀點也許是非常可笑的。但我想提醒大家，不要隨波逐流、人云亦云。有些人聽到別人說什麼就隨聲附和：「啊，對對對，你說得對，廣本《心經》才合理，略本《心經》不合理，我們以後不能念誦唐玄奘翻譯的《心經》。」但跟另一些人接觸時，又很可能會跟著他們說出一些誹謗的語言：「啊，對對對，略本《心經》才合理，廣本都不合理。」

總之，佛陀的語言有各種各樣的顯現，而且大譯師們在翻譯時所選取的梵文本也不一定相同。因此，我們完全沒有必要以內容不同為由而捨棄某一個譯本。

唐玄奘所翻譯的《心經》，確實無法跟藏文本完全對應。但是我們沒有任何必要以此而捨棄它，甚至說它是偽經。大家在以後的修行過程中，務必要清楚這一點，這是很重要的。

不知道大家在與一些佛教徒、學術界人士探討佛法時，有沒有遇到過這樣的問題？以後一定會遇到的。在遇到這些問題的時候，自己有一個明確觀點是很重要的。首先，我們必須清楚具體事實和爭議焦點。其次，要清楚自己持什麼樣的觀點，駁斥什麼，建立什麼。按照我的觀點，既要讚歎略本《心經》，也要讚歎廣本《心經》，因為二者絕對沒有任何矛盾之處，沒有必要取一捨一。

勿輕易斷定

對於這些問題，大家需要思考。不然，出去以後被人問到了卻無法回答也不太好。比如別人問：「你對《心經》的略本、廣本有什麼看法？」你卻說：「嗯，我的看法是很好的——今天會不會下雨呢？我看這幾天，我們的生活過得很好，大家利益眾生、發菩提心……」（眾笑）這樣來回答的話，恐怕不太合適。

所以，我們首先要知道現在社會上有哪些辯論焦點。其次要以自己的智慧去思維、分析。在分析的過程中，不要貪執任何一個宗派，而要以諸佛菩薩的教證、理證和傳承上師們的教言為依據，建立一個觀點，為他人提供建議。

而且，如果沒有非常可靠的依據，最好不要做出論斷，因為斷定問題是很困難的。我們很可能今天覺得某個觀點正確無疑，明天就將其推翻了。以前上師如意寶也講過，沒有登地的凡夫的分別念，是不可靠、不可信任的，人經常自己欺騙自己。

比如，我們小時候如果見到了遙控轎車，會覺得世界上再沒有更好的東西了。但是年紀大了以後，看到遙控轎車就沒有什麼感覺了。同樣的道理，我們現在認為某個觀點非常合理，任何教證理證都不可能將其遮破，但到了一定的時候，這種看法就有可能發生改變。

所以，法王如意寶一再地說：「凡夫人要真正建立一個觀點是非常困難的。」大家在這方面一定要注意，尤其是在說話的時候，儘量不要譭謗別人。如果你沒有可靠的依據去反駁對方，那麼暫時接受他們的觀點也可以。但最終還是要建立一個自宗，這是非常有必要的。

以聞思斷疑惑

也許我今天比較囉嗦，但這些問題確實值得重視。實修固然重要，理論分析也不可缺少。作為在佛學院研究佛法的人，如果對這些問題一概不管，恐怕以後弘法利生或自己修行時，很多懷疑就無法遣除。比如有些人可能會想：「為什麼《心經》有那麼多版本啊？」——很多人的分別念還是很容易生起來的。所以，我們一定要長期地聞思佛法。

我在外面遇到過一位法師，他說他在出家後的五六年間，基本上對佛經是半信半疑的，有些經典他看，有些經典他不看；有些高僧大德的論典他能接受，有些論典他不能接受……心裡一直對佛法有一種懷疑。過了十幾年以後，他對所有的佛法都能接受了，他覺得，「這是經典，我肯定要接受，這裡面說的完全是對的。」

我想，我們這裡的有些道友可能也有這種情況，因此一定要長期聞思。在聞思過程中，雖然不一定會突然開悟、突然間就什麼都懂了，但是你相續中的無明煩惱會逐漸減少，智慧會逐漸增長。

有些人剛來的時候，看到《心經》有兩個版本，就認為一個是真的，一個是假的，心想：「有兩個版本應該不對吧？佛陀為什麼會說兩種話？」懷疑特別多，邪見也特別重，好像無論如何都無法調化一樣。但在這裡待了十幾年以後，就跟原來不一樣了。雖然他還不能在虛空中飛翔，但在見解和知見上有非常大的轉變，這也是聞思的結果。

佛教的教育是智慧的教育，而不是一種教條。如果對於某些道理無法理解、心存懷疑或不願接受，就可以利用每天的空閒時間，跟法師、道友面對面地辯論，提出自己的疑惑。在互相辯論、問答的過程中，心中的小小懷疑就可以依靠他人的智慧而立即斷除。所以，通過精進聞思修行來遣除無明黑暗是非常有必要的。

下面開始正式講課。

正說經文

唐玄奘譯本雖然沒有序分，但我們承認這是一部完整的經典。因此，在學習本經時，可以依照其他譯本[3]的序分來作講解。

按照藏傳佛教的解釋方法，《心經》的科判可以這樣歸納：

全文分三：一、緣起；二、抉擇經義；三、隨喜讚歎。

全經分為三部分：第一部分講這部經的來源、緣起；第二部分抉擇本經含義；第三部分隨喜讚歎。

甲一（緣起）分二：

一、宣說六種圓滿
二、此經之因緣

乙一、宣說六種圓滿

如是我聞：
一時薄伽梵住王舍城鷲峰山中，與大苾芻眾及諸菩薩摩訶薩俱。

這一段是講六種圓滿，也有說是五種圓滿或七種圓滿。

好比在世間做一個簡單的會議紀要，應該包括時間、地點、主持人、記錄人、

3 講解序言部分所依的版本是：《般若波羅蜜多心經》（燉煌石室本），國大德三藏法師沙門法成譯。

參會人員、會議內容等要素。寫一篇記敘文，也要具足時間、地點、人物等幾個要素。

一般來講，佛經的開頭都有「如是我聞」，結尾有「皆大歡喜、隨喜讚歎」等語言，這是佛陀所開許的。釋迦牟尼佛接近涅槃時說，為使後人生信，我的經典可以在開頭加上「如是我聞」等，在結尾加上對當時情景的描述。

法圓滿

「如是」標記法圓滿，法就是《般若波羅蜜多心經》。說「如是」是為了表達，釋迦牟尼佛加持觀世音菩薩「如是」宣說了《般若波羅蜜多心經》，我（結集者）也如理如實、原原本本地聽到了，並且從頭到尾做了不增不減、完整無缺的記錄，並未夾雜其他語言。

結集者圓滿

「我聞」中的「我」指結集者金剛手菩薩。釋迦牟尼佛在靈鷲山轉了第二轉無相法輪後，由文殊等十萬菩薩做了結集。其中，《般若經》主要由金剛手菩薩結集，因此「如是我聞」是金剛手菩薩的語言。就像做會議紀要時，記錄人會寫「當時的情況是……」，並在結尾簽字落款。

對於「我聞」，論師們有不同的理解。有些論師說，「聞」字意為：我只能聽到，但沒有聽懂。因為佛陀所宣說的般若空性相當深奧，所以金剛手菩薩很謙虛地說，我只是在詞句上原原本本地做了記錄，對於內容還沒有懂得。覺囊派的多羅那他尊者說，這種解釋方法不合理。因為金剛手菩薩不一定完全沒有懂得這些內容，不能通過一個「聞」字來如此推斷。

對於「如是我聞」的含義，有些法師解釋得不是很準確。「如是我聞」中的「我」並不是指「自己」，也不是指釋迦牟尼佛或阿難、目犍連等人，而是指結集者。結集者說：「當時我是這樣聽到的……」就像在會議紀要中，不可能由主持人說：「當時的情況是這樣的……」這個問題大家應該清楚。

有些人認為，「我聞」也包括信心圓滿，因此「如是我聞」就包括了法圓滿和信心圓滿。

大乘觀點認為，「我聞」表示結集者直接在佛陀面前聽聞了佛法。而南傳佛教認為，「我聞」還包括間接聽聞的情況。比如，阿難在結集經典時也說：「在八萬四千法門中，有六萬四千法門我在佛陀面前親自聽過。其餘的兩萬法門，我是在其他人面前聽到的。」

時間圓滿

「一時」泛指某一時間。為什麼沒有一個確切的時間呢？因為佛陀的神變千千萬萬，他在不同眾生面前有不同的顯現，在某些眾生面前是夏天說法，在某些眾生面前是冬天說法。同樣，關於佛陀的涅槃等也有不同的記載。

對於一個凡夫人來說，時間是具有確定性的，他可以說，我在幾月幾號下午三點半，在某個經堂宣說了什麼法。但是對於佛陀來說，在因緣成熟時就會宣說相應的法，在眾生面前的顯現並非唯一，所以需要用廣義的「一時」來表示說法時間。

有些歷史學家認為，佛陀在宣講《大般若經》之前，就已經宣說了《心經》。

本師圓滿

「薄伽梵」是梵語，藏文儀軌中經常有「班嘎萬薩兒瓦達塔嘎達……」

（བྷ་ག་ཝཱན་ཚད་པ་ག་ད），「班嘎萬」（བྷ་ག་ཝཱན）就是薄伽梵，翻譯成漢語是「出有壞」。「出」指超離了輪迴、涅槃二邊，「有」指具有六波羅蜜多的功德，「壞」指毀壞了四大魔。

佛經中，有時稱佛為「世尊」，有時稱佛為「薄伽梵」，用「薄伽梵」的情況也比較多。只有佛陀才圓滿具足「出有壞」的功德，因此這裡的「薄伽梵」是指釋迦牟尼佛。

處所圓滿

經文中說：在某一個時候，釋迦牟尼佛住在王舍城的靈鷲山。

「王舍城」是摩揭陀國的首都。

王舍城、靈鷲山離那爛陀寺都比較近，從王舍城到那爛陀寺大概十八公里。釋迦牟尼佛住在王舍城的時間比較長，而且阿難、迦葉、目犍連等許多尊者都是在那裡皈依佛陀的，因此王舍城是歷史上非常著名的佛教聖地。

「鷲峰山」也叫靈鷲山，這座山上有一塊老鷹形狀的大石頭，從有些照片上確實看得出來。有些學者認為，「鷲峰山」就是以此而得名的。還有些人認為，這座山上有很多鷹鷲居住，所以叫「鷲峰山」。

我們去年學《三戒論》的時候說過，靈鷲山是釋迦牟尼佛轉第二轉法輪的地方。在普通人眼裡，靈鷲山就是一座普通的山，佛陀在那裡講了《般若經》《妙法蓮華經》等很多經典。但在具有不共行境的菩薩面前，靈鷲山並不是一座普通的山。佛陀在經中也說：「鷹鷲即法性，唯佛之行境。」鷹鷲是法性光明，唯是佛的行境。因此，靈鷲山是法界智慧的一種象徵。

以前，六世達賴來到靈鷲山時，看到整座山都是《般若經》，因此不敢上去。當年，上師法王如意寶去靈鷲山時說：「六世達賴來到這裡時，看到山上滿是經書。我現在看到的一切都是光明，真正現前了『佛陀無涅槃，佛法無隱沒』的境界。你們去山頂吧，我就不去了……」

上師如意寶是在一九九〇年去的印度，當時印度還沒有開放旅遊，基本上找不到會說漢語的人，憑護照去印度的藏族人也相當少。那天我看了一個視頻，才知道現在世界各地去印度的人特別多。不過我自己可能不想去，去了以後心裡會很悲傷，因為那是上師如意寶曾經去過的地方。前段時間我在杭州、上海、北京的時候，心裡始終都在想：「哎，以前上師在這裡傳了什麼樣的法，現在上師已經圓寂了……」一想到這些，就根本不想到外面去。

我隨法王如意寶去法國時，聽索甲仁波切說，他在美國的一座教堂裡跟敦珠仁波切一起傳過法，後來他去那裡講經時就特別傷心。我當時不理解，覺得這也不要緊吧，上師不在的時候你就傳你的法，到了那座教堂也不一定要特別傷心。但後來我發現，那種感受的確會很強烈的。就好像我們平時住在學院沒什麼感覺，但出去一段時間再回來，就有一種特別強烈的感覺。

如果我現在去印度，去上師曾經到過的很多地方，比如上師當年發願的地方，或者想起上師在那裡開心的情景，恐怕會特別傷心。

今天多講一會兒也可以。我們寺院有一位老堪布，他從下午二點開始講課，有時候講到五點多還沒有結束。我今天學他，打算十一點半左右下課。（眾笑）

眷屬圓滿

「與大苾芻眾及諸菩薩摩訶薩」，有些論師認為，所謂「大比丘」，應該不是一般的比丘，而是指獲得了阿羅漢果位的比丘，即五種比丘[4]中的破惑比丘；「大菩薩」，也是指現見了真諦的菩薩。而僅僅發了世俗菩提心的凡夫菩薩，以及受了比丘戒的一般比丘，都不是佛陀真正的所化眷屬。他們可以算是「旁聽生」，因為還沒有正式進入釋迦牟尼佛的「班」裡面。

「俱」，表示眷屬們聚集在一起。有些漢譯本中說，當時聽法者有七萬七千位菩薩，不清楚梵文本中是否有這種說法。他們聚集在一起的目的是什麼呢？就是為了面見佛陀、獲得佛果、利益眾生。

同樣，在座這麼多道友聚集在一起，也是為了斷除煩惱、獲得證悟；而且獲得證悟也不是為了自己獲得人天福報、享受快樂，而是為了儘量地利益眾生。我想，當時佛陀及其眷屬們的集聚，以及現在任何佛教團體的集聚，都有著共同的目標，這一點大家應該清楚。

小結

我們剛才總共講了六種圓滿：「如是我聞」中包括了法圓滿和結集者圓滿，「一時」是時間圓滿，「薄伽梵」是本師圓滿，「王舍城鷲峰山」是處所圓滿，「大苾芻眾及諸菩薩摩訶薩俱」是眷屬圓滿。

有些論師說，這一句經文講了七種圓滿，即把眷屬分為兩種：大菩薩和阿羅漢。因為般若是直接講給大菩薩的，所以他們是特殊眷屬，而阿羅漢則是一般眷屬。這樣算的話，總共就有七種圓滿：法圓滿、結集者圓滿、時間圓滿、本師圓滿、處所圓滿，還有一般眷屬和特殊眷屬兩種圓滿。

或者，眷屬圓滿算為一個，再除去結集者圓滿，就是五種圓滿。密法當中一般也講五種圓滿。

貝若扎那在其《心經》注釋中，沒有遵循顯宗的講法，而是按照《大幻化網》續部的方法，講了外眷屬、內眷屬、密眷屬，外本師、內本師、密本師……五種圓滿都是從外、內、密的角度來解釋的。

以前有些高僧大德是按照大圓滿、大手印的方式來解說《心經》的，這種解釋方法在藏傳佛教中相當多。但我們這次主要是按照大中觀的方式來解釋，這樣也非常不錯。

4 五種比丘：乞食比丘、名相比丘、自稱比丘、近圓比丘、破惑比丘。

乙二、此經之因緣

「此經之因緣」，講這部經是依靠什麼樣的因緣而產生的。

前面也說了，這次是按照唐玄奘譯本來講解《心經》，但是為了讓學人圓滿、完整地瞭解這部經典，我們就按照法成法師的譯本來講一下序分部分。

不同譯本的《心經》只是在詞句和表達方式上稍有不同，大多數內容是基本相同的。

爾時，世尊等入甚深明了三摩地法之異門。

此處講了一個緣起。

「爾時」，當佛陀和所有眷屬聚集在一起，各種條件達到圓滿之時。

「世尊」，即釋迦牟尼佛。按照任杰老師的譯本，「世尊」後面的「等」字沒有也可以。

「甚深明了」，佛陀趣入了一個什麼樣的等持呢？是甚深明了的等持。

「甚深」，表示一般的阿羅漢、凡夫或外道根本無法通達，因為佛陀所安住的，是遠離一切戲論、勤作、思維的諸法之法性，這種境界極為甚深。

「明了」，對於這樣的甚深境界，佛陀以各別自證明明了了地完全照見。

所以，這種等持既是甚深的，又是光明的。佛陀就在這種甚深光明的等持當中安住。

「法之異門」，指不同法門，表示佛陀已經趣入了各種不同法門的一種等持。有些講義中說，「法之異門」指五蘊、十二處、十八界等所有不同的法門，在勝義當中都遠離一切戲論，在世俗當中如幻如夢。

所以，這句話的字面意思是：當佛陀和所有眷屬都在場的時候，佛陀入於不同法門的甚深光明等持。

本來在佛陀的境界當中，出定和入定是沒有差別的。那這裡為什麼說佛陀入定呢？這是佛陀為了度化凡夫眾生而顯現的。因此，佛陀的色身在顯現上也有入定的行相。

復於爾時，觀自在菩薩摩訶薩行深般若波羅蜜多時，觀察照見五蘊體性悉皆是空。

佛陀入定之時，觀自在大菩薩行持甚深般若波羅蜜多，並頓然照見了五蘊皆空的道理。「觀察」二字沒有也可以，唐玄奘譯本中就直接說了「照見五蘊皆空」。

「復於爾時」，指所有眷屬齊聚，佛陀入於甚深等持之時。

「觀自在菩薩摩訶薩」，觀世音菩薩是「大菩薩」。一般來講，只有三清淨地（即八、九、十地）的菩薩才可以叫做「大菩薩」。

「菩薩」，《入中論》中說，得一地以上是真正的菩薩。「摩訶薩」意為大，有些論典中講，三清淨地的菩薩有廣大的布施、廣大的智慧、廣大的力量、入於廣大的大乘法門，還能降伏各種各樣的大魔，因此這些菩薩被稱為「大菩薩」。

「行深般若波羅蜜多時」，在佛陀所有的眷屬當中，此時觀世音菩薩行持般若波羅蜜多。

「行」有幾種意思。廣義來講，閱讀《心經》、聽聞般若法門是在行持般若波羅蜜多；以般若為對境行持十法行——諷誦、受持、書寫、修習、思維等，也都是在行持般若波羅蜜多。

那麼，觀世音菩薩是如何行般若波羅蜜多的呢？就是安住，他以自己的智慧，隨佛陀而入於甚深光明的智慧境界當中。

在印度比較廣的講義中，對於「般若」是從三個方面來解釋的：般若劍、般若金剛、般若燈；對於「波羅蜜多」也從三個方面做了解釋：世間、出世間和超越一切的諸佛菩薩的境界。

「觀察照見五蘊體性悉皆是空」，觀世音菩薩在觀修般若波羅蜜多空性時，頓然照見了五蘊皆空。

「五蘊」包括器世界和有情世界的一切有為法。

「照見」的方式有幾種：凡夫的照見、聲聞緣覺的照見、佛菩薩的照見。比如對於五蘊皆空，凡夫是以總相的方式照見，即從理論上進行觀察、推斷，其實這只是一種尋伺分別念，並未真正見到空性。聲聞緣覺以五蘊皆苦為因緣，以證悟人無我的方式照見五蘊皆空。菩薩和佛陀以證悟人無我和法無我的方式，完全照見了五蘊皆空，其境界相當圓滿。

以上講的是因緣，即這部經典出現所依靠的緣起。佛陀入定是最主要的因緣，如果佛陀沒有入定，觀世音菩薩就不會依靠佛陀的加持而入定，隨後舍利子也不可能提出問題。所以，印度比較廣的講義中說，這部經典出現的因緣主要有二：一是佛陀入定的加持力，這一點不可缺少；二是觀世音菩薩依靠佛的加持而行持般若波羅蜜多，並在此過程中照見五蘊皆空。

《心經》中的主要人物

有些人問：「在這麼多眷屬當中，為什麼觀世音菩薩是最主要的人物呢？」有論師說，因為觀世音菩薩是「會主」，相當於開會時的主要負責人，因此舍利子向他提問。

的確，諸佛菩薩集會也有點像現在開法會，有主要、次要的人物。像開法會的時候，有說法上師、主持人以及一些高僧大德等。同樣，在佛陀的所有眷屬中，目犍連、舍利子、文殊菩薩等幾位大弟子是經常出現的，眷屬之間的確有一些差別。這是一種解釋方法。

或者說，這部經典與大悲空性之義密不可分，而且本經內容由觀世音菩薩來宣講的話，會有無量眾生得到利益。佛陀以神通力完全照見了這些，就特意加持觀世音菩薩行持般若波羅蜜多並照見了五蘊皆空。

此時，舍利子向觀世音菩薩提出了問題——他現在不想問佛陀，因為佛陀正在入定；也不想問文殊菩薩、金剛手菩薩等，只是特別想問觀世音菩薩。這些因緣都是蒙受佛的加持而產生的。

昨天課程中很多人提出的問題還是很好的。如果自己對佛經論典有一些疑惑，還是應該提出來，這樣很容易將其斷除。在聞思過程中，遣除疑惑和困擾還是相當重要的。

在《心經》這部經典當中，主要人物有三：一是佛陀，他首先入定、加持觀世音菩薩，最後讚歎觀世音菩薩說：「善哉，善哉！善男子！如是，如是！如汝所說。彼當如是修學般若波羅蜜多。一切如來亦當隨喜。」只說了這一句話；二是舍利子，他向觀世音菩薩提出了問題（有些經典中說舍利子是合掌提問的，有些經典中沒有提到合掌的細節）；三是觀世音菩薩，他在佛陀的加持下行持般若波羅蜜多、照見五蘊皆空，並宣說了《心經》基道果所攝的全部內容。

按照很多論典的科判來歸納，經文的第一段講六種圓滿，第二段講緣起或因緣。

不同版本佛經的比較

在唐玄奘的譯本當中，直接講「觀自在菩薩，行深般若波羅蜜多時……」。其實前面還有佛陀入定的過程，之後是觀世音菩薩行般若波羅蜜多，照見五蘊皆空，度一切苦厄……

「度一切苦厄」雖然在藏文譯本中沒有，但是在唐玄奘、鳩摩羅什等幾個譯本中都有。有些人說，應該是唐玄奘翻譯錯了，還以此否定他的譯本。這樣推斷恐怕是不成立的，藏文當中沒有「度一切苦厄」，也不能說明唐玄奘翻譯錯了。因為還有其他好幾個版本中都有這句話，說明這種差別是由於版本不同而導致的。

而且，不同眾生所聽到的佛語也不相同。比如，佛陀在靈鷲山轉法輪時，雖然十萬佛子都有不忘陀羅尼，但是他們所得到的法門卻各不相同。之所以不同，並非像我們一樣，或者是錄音機壞了，或者是筆壞了，以致記錄的內容有所差別。對於這些佛子來說，如果喜歡的是簡略的法門，他受持的就是簡略法門；如果喜歡的是較廣的法門，他所記住的就是廣的法門。所以，佛陀說一句話，有些人聽到的是廣的法門，有些人聽到的是略的法門，這就是佛語的特點。

我之前講過，有一個人把「嗡班匝兒格裡格拉亞吽啪的」念成了「嗡班匝兒吉裡吉拉亞吽啪的」。但是，當他念這個咒語的時候，山河大地都在隨著他一起念。後來有人糾正了他的念法，他改過來之後，外面所有的聲音都停下來了。因為，他原來的念法雖然根本找不到出處，但是他的心很清淨，以這種不可思議的力量加持以後，他所念的咒語就變成了真正的咒語。

同樣，唐玄奘譯本中的「度一切苦厄」，即使的確是他多譯了，但他已經對此加持過了。如果我們以分別念將其減掉的話，很多加持力就喪失了。

在座的很多年輕人，以後在弘揚佛法的過程中可能會遇到各種情況。在這些時候，自己心中應該保持正見，不能隨著世間人的見解而動搖，隨便改動佛經金剛語，這是不合理的。

對應玄奘譯本

這部分內容在唐玄奘譯本中是這樣說的：**「觀自在菩薩，行深般若波羅蜜多**

時，照見五蘊皆空，度一切苦厄。」

佛陀入定後，觀世音菩薩也行持般若波羅蜜多，並照見了五蘊皆空，遠離了墮入三惡趣乃至整個六道輪迴的所有苦厄。

有些經典中說，觀世音菩薩早已成佛，並在無量世界中以佛的形象度化眾生。但在釋迦牟尼佛面前，他顯現菩薩的形象來利益眾生。這是了義經典的基本觀點。

重視加持

大家以後讀誦、修持《心經》的時候，還是全部用唐玄奘的譯本。我前兩天也講了，唐玄奘譯本確實有非常大的加持力，而且國內外普遍都在念誦這個版本。

我有時候想，唐玄奘的發心力肯定不可思議。有時候又想，是不是因為漢人很喜歡地位，所以才都讀誦他的譯本？當時唐玄奘的地位還是很高的，連皇帝都恭敬他。人們會不會因為這一點就馬上接受了他，心想：「他是國師，很了不起啊！我們要讀他翻譯的《心經》。」在唐代，其他很多譯師的譯本都沒有為人們廣泛讀誦。

不管怎樣，唐玄奘對佛教的貢獻確實相當大。以前也有高僧大德說，唐玄奘象徵觀世音菩薩，孫悟空象徵文殊菩薩，豬八戒象徵金剛手菩薩。從這個觀點來看，唐玄奘確實是有加持的。所以，我們以後念誦、修持都要用這個版本，對其內容千萬不要改動。

同時，大家也不要認為《心經》很簡單，有些分別念比較重的人可能會這樣想的。以前有人就說過：「我在寫博士論文，已經寫了好幾萬字了，《心經》有什麼了不起的？只有兩百多個字。」這種傲慢心真的非常可怕。

表面上看來，《心經》只有一頁紙的篇幅，但其功德、加持和威力實際上是無可比擬的。就好像一塊兒黃金，雖然體積很小，但其價值卻無比昂貴。對於佛經的威力和加持，大家應該如是觀想。

甲二（抉擇經義）分二：

一、以問答方式而抉擇
二、經佛認可而遣除懷疑

乙一、以問答方式而抉擇

乙二（以問答方式而抉擇）分二：
一、提出疑問；二、回答。

丙一、提出疑問

時，具壽舍利子，承佛威力，白聖者觀自在菩薩摩訶薩曰：「若善男子欲修行甚深般若波羅蜜多者，復當云何修學？」作是語已。

「時」，剛才講了，所有眷屬齊聚，佛已入於三摩地，觀世音菩薩行持般若波羅蜜多並照見了五蘊皆空，也就是說他已經有把握了。如果他自己沒有照見五蘊皆空的道理，也就沒有理由給別人宣說了。

我們給別人講法，尤其是講佛經的時候，也一定要注意。以前在印度，除了龍猛菩薩、無著菩薩和月稱菩薩等極少數班智達以外，依靠自己的智慧解釋佛經的很少很少。

現在，依靠自己的智慧解釋佛經的高僧大德相當多。有些高僧大德可能是很了不起的，我們也不敢說什麼。但有些人連字面上也解釋不來，只是把經文讀一下，再說一些世間的話：我到什麼地方去了，當時是怎麼樣吃飯的，我以前在家的時候怎麼樣吃海鮮……講完以後，這個頌詞就算解釋完了。

這樣的講經方式，在傳統中應該是沒有的。當然，有些地方已經失去了以前的傳統和傳承。很多人以為，講經說法就像在學校裡講課一樣，於是隨隨便便用自己的分別念來講，但他們講的有些內容還是跟佛經原意有很大出入的。

我們以後講解佛經的時候，要儘量結合高僧大德們的教言。如果沒有這方面的教言，自己講的時候就要很注意。否則，故意錯解佛經確實有很大過失。

當然，如果你本想很好地解釋佛經，但由於你在理解上有偏差，無意中錯解了經義，這個過失就不大，因為你不是故意錯解的。總之，大家在這方面一定要注意。

「具壽舍利子」，「具壽」是一種尊稱，在佛經中經常出現，相當於我們經常說的大方丈，或者是長老、長壽者。

「舍利子」，在顯現上是小乘阿羅漢，但很多經論中說他其實是大乘菩薩，只不過顯現為小乘阿羅漢的形象。

舍利子的名字來源於他的母親。因為他的母親名叫「舍利」，所以他就叫「舍利子」。這種取名方式在藏地也非常多見，孩子小的時候經常用父親或母親的名字來稱呼。我小的時候都差一點用我父親的名字。當時很多人喊我「某某子」，我就特別生氣地說：「我明明有自己的名字，為什麼要用『某某的兒子』來稱呼我？」後來人們好像就不這麼叫了。

「承佛威力，白聖者觀自在菩薩摩訶薩曰」，舍利子承佛的威力，向觀世音大菩薩提出了關於甚深般若空性的問題。

為什麼說是承佛的威力呢？因為在顯現上，即使是大阿羅漢，沒有佛的加持也根本問不出這麼深奧的問題。因此，想問出甚深的問題離不開佛的加持。

我有時也會說：「哎，你今天提出的問題非常好！」那個道友就說：「我平時是問不出來的。今天可能是依靠您老人家的加持力，我自己都覺得這個問題提得非常不錯！」（眾笑）

總之，舍利子為什麼問得那麼好呢？因為佛陀通過入定的方式加持了他。

「若善男子」，有些講義中說，「善男子」是對觀世音菩薩的稱呼。但也有講義中說，舍利子稱呼觀世音菩薩為「善男子」的話，好像不太恭敬，因此不承認前述說法。

我看利言他們翻譯的也是：「善男子，若有欲學甚深般若波羅蜜多行者，云何修行？」而藏地有些講義中認為，經中省略了「善女人」，所以此處應該理解為：「觀世音菩薩，若有善男子、善女人……」

兩種解釋方法都可以吧，稱觀世音菩薩為「善男子」，他應該也不會生氣的，因為他確實是個善男子嘛。不過在漢傳佛教當中，觀世音菩薩顯現為女性，這樣的話，說她是「善男子」，她可能會不高興。（眾笑）

「欲修行甚深般若波羅蜜多者，復當云何修學」，如果世間有善男善女真正想行持般若波羅蜜多的話，到底應該如何修學？

也就是說，舍利子問觀世音菩薩：您是非常了不起的，您依靠佛陀的加持力，已經照見了五蘊皆空；而我們這些可憐眾生，想修般若波羅蜜多也非常困難，您能不能告訴我們，這個般若空性到底應該怎樣修呢？

然後，觀世音菩薩就依靠佛的加持力，宣說了下面的內容。

丙二、回答

丙二（回答）分六：

一、略說修持般若之方法；二、廣說般若之本體；三、證悟般若空性之功德；四、證悟般若空性之果；五、宣說具有功德之密咒；六、教誡修學般若法門。

在「廣說般若之本體」中，基本上包括了本經的全部內容。

丁一、略說修持般若之方法

觀自在菩薩摩訶薩答具壽舍利子言：「若善男子及善女人，欲修行甚深般若波羅蜜多者，彼應如是觀察，五蘊體性皆空。」

——法成法師譯本

觀自在菩薩，行深般若波羅蜜多時，照見五蘊皆空，度一切苦厄。

——玄奘法師譯本

觀自在菩薩回答具壽舍利子說：「如果有善男子、善女人，要修持甚深般若波羅蜜多的話，應該以觀修五蘊皆空的方式來修。」這是略說。

為什麼「五蘊皆空」可以包括下面所講的全部內容呢？因為，五蘊包括一切器世界和有情世界，而且下文講到的十二處、十八界、緣起法、四諦等，都可以間接包括在五蘊皆空的法門當中。

有關講義中也說，六度、四攝等任何法門，都要以觀空性的方式來修持。如何觀空性呢？在勝義中，萬法遠離一切戲論言思；在世俗中，萬法則如幻、如夢、如水泡、如影像。這就是觀空性的最基本方法。

去年我們學的麥彭（米滂）仁波切的《中論釋》中也講到，般若波羅蜜多的觀修方法是：萬法在勝義當中像虛空一樣，遠離一切執著和戲論；在世俗當中，則以現而無自性的方式來修持。

實修是關要

佛陀為什麼在入定後才加持觀世音菩薩顯現了這部經典呢？因為佛陀想要告訴我們後學者，對般若空性法門一定要觀修，沒有觀修就不可能成就。

等《心經》講完以後，我還想給大家講一講《心經》的修法，藏傳佛教中就有《心經》的專門修法。修法還是很重要的，如果不懂修法，只是每天背得很熟，就缺少了思維和修行。

對於《心經》的修持，你們可以看看自己是否具足十種法行[5]。有些寺院和道場只有讀誦這一項，大家早晚都在讀，但從來不思維，也不修持。其實，對於甚深的空性法，不修是不行的。

當然，我自己一點都不修持，給別人這樣說是非常可笑的，也沒有多大利益。但是在道理上我比較明白，作為一個修行人，遇到這樣的空性法門，在百千萬劫當中是相當難得的。既然遇到了，我們就應該儘量放下自己的固有執著，空出一些時間來觀修。

有些論師說，略說部分只提到善男子和善女人，而沒有講石女，但是因為石女屬於人類，所以這裡也間接包括了石女之類的所有人。相對而言，善男子、善女人指具有人之法相的真正的人。因此，所有的人都應該行持甚深的般若波羅蜜多。

修持的方法，是對五蘊皆空的道理進行觀修，以五蘊皆空的見解來攝持一切修行。

---

5 十法行，對於經典十種之行法：一、書寫，於佛所說之經律論文，書寫流通而不使斷也。二、供養，於佛之經典所在處，如佛之塔廟供養之也。三、施他，以所聞之法為他演說，或施與經卷，不專自用，但欲利他也。四、諦聽，聞他人讀誦經典而解說之，深生愛樂，一心諦聽也。五、披讀，於諸佛所說之經典常披閱看讀而不釋手也。六、受持，於諸佛所說之教法從佛稟受，持而勿失也。七、開演，於如來所說之教法常開示演說，使人信解也。八、諷誦，於如來所說之一切道法，諷誦宣揚，梵音清澈，使人樂聞也。九、思惟，於如來所說之一切法義思惟籌量，憶念而不忘也。十、修習，依如來所說之法，精修數習，而成道果也。出於《辯中邊論》下。

什麼是五蘊皆空的見解呢？就是了達色蘊、想蘊、識蘊等五蘊皆為空性。在凡夫位以分別念來了達；如果斷除了人我執和法我執，就以通達人無我和法無我空性的方式來照見。

在凡夫位，以五蘊皆空的見解來攝持自己的修行，並不是做不到的。在積累世俗善根的過程中，不管是磕頭、修加行還是念往生咒等，都可以思維這些是如幻如夢的本性。同時也要了達，一切萬法在勝義當中就像清淨離垢的虛空一樣，無有任何戲論。以這種見解來攝持修行的話，與五蘊相關的執著就會逐漸消失。

總而言之，我們要把我執斷掉。如果斷掉了我執，那麼與之相關的蘊執就會自然熄滅。這就是《心經》的基本修法。

關於提問者

本經分為三個部分：「緣起」「抉擇經義」和「隨喜讚歎」。上面講了「抉擇經義」中的「提出疑問」，這個疑問是由舍利子提出的。

在其他一些般若經中，提問者還有釋迦牟尼佛十大弟子中「解空第一」的須菩提。因為對於空性的甚深要訣，沒有一定的智慧是很難提出問題的，在佛陀時代也是如此。當然，除了由須菩提發問以外，還有由其他菩薩發問的情況。

舍利子雖然顯現上是小乘阿羅漢，但他在釋迦牟尼佛的小乘弟子中，尤其按照小乘佛教的觀點來看，他是智慧第一。所以在本經中，是由他向觀世音菩薩提問的。

平時我們各個班的道友，在探討空性問題的時候，如果沒有一定的水準，也提不出很深奧、很尖銳的問題。所以，從提問上基本可以看出一個人的水準。

另外，為什麼舍利子在得到佛陀的加持以後才能提出這個問題呢？因為即使是智慧第一的阿羅漢，想要在甚深空性方面提出有深度的問題，也需要依靠佛陀的加持，僅憑自己的力量是相當困難的。

舍利子提出問題後，觀世音菩薩開始回答。上一節講了「回答」中的第一個科判「略說修持般若之方法」，下面講第二個科判「廣說般若之本體」。

丁二、廣說般若之本體

丁二（廣說般若之本體）分三：

一、了知基般若；二、了知道般若；三、了知果般若。

一切萬法都可以包括在基道果當中。修行時，首先要了知諸法之「基」，爾後對此進行修習叫做「道」，最後所到達的果位叫做「果」。無論講大圓滿、大手印還是講顯宗的基本法要，都不離開基道果。因此，對於修行人來講，基道果的安立和對基道果的認識相當重要。

以下內容就按照唐玄奘的譯本來講解。

大家以後有機會給別人講《心經》的話，可以將緣起分和流通分的內容作為參考，不講也可以。因為本經主要是「抉擇般若」這一科判所含攝的內容，把這些講出來就可以。我們這個科判，是按照藏文譯本和漢文廣本的內容來歸納的。

在唐玄奘譯本中，前面已經講了「觀自在菩薩行深般若波羅蜜多時，照見五蘊皆空，度一切苦厄」這一句。下面觀世音菩薩就開始回答舍利子的問題。

如果在「度一切苦厄」的後面有一個「說」字可能會比較好懂，意為觀世音菩薩行持甚深般若波羅蜜多之時，照見五蘊皆空，度越了一切苦厄，這時他告訴舍利子「色不異空，空不異色……」，但是我們也沒有必要加上一個「說」字。

關注佛教領域之爭論

有些學者認為，《心經》是從《大般若經》六百卷中摘錄出來的。而有些論師則認為，《心經》本身就是一部很完整的經典，並非摘錄於《大般若經》。我這次沒有時間翻閱，你們方便的時候可以看看《大般若經》中有沒有唐玄奘所翻譯的完整《心經》[6]。

我記得元音老人的《心經》講義中說：《心經》是《大般若經》中的一段。這種說法可能不太合適，因為在《心經》的漢文廣本和藏文譯本中，確實都有緣起分和流通分。這說明，《心經》應該是一部完整的經典，並不是《大般若經》的一部分。我是這樣認為的，大家以後也應該研究一下。

作為出家人、修行人，對於佛法上的不同觀點，應該去瞭解、觀察，否則遇到這樣的問題時，可能就無法回答。有些人說：「我在修行，念阿彌陀佛就可以

6 經查閱，唐玄奘所翻譯的《心經》收錄於《乾隆大藏經》中的大般若部，獨立於《大般若經》六百卷。

了。」一遇到佛法上的不同觀點或爭論，就覺得與己無關，這種想法可能不太好。

漢傳佛教中好像有幾個辯論，比如《心經》譯本的辯論，《無量壽經》版本的辯論，還有出家人和在家人主要該由誰來護持佛法的辯論。

關於護持佛法之爭論

現在，護持佛法方面的爭論已經不是很激烈了，而在太虛大師和歐陽竟無的時代，這個爭論是特別激烈的。

當時歐陽竟無居士主張：要依法不依人，無論在家人還是出家人，只要有修證、有智慧，就一定要護持寺院道場，也有資格給別人講經說法。因此，他認為在家人可以給出家人傳授佛法，也可以做寺院的住持。

太虛法師特別反對這個觀點，他認為這種做法肯定是不對的。因為在釋迦牟尼佛所制定的七種別解脫戒中，從上至下依次為比丘戒、比丘尼戒、正學女戒、沙彌戒、沙彌尼戒、優婆塞戒、優婆夷戒。由此，居士沒有資格做出家寺院的住持。

他們在這方面爭論了很長時間。後來，有些寺院仍然由出家人擔任住持，但還有一些寺院則是由在家居士做主要負責人並講經說法。

在這個問題上，太虛法師及其弟子是有一定理論依據的。而且，從釋迦牟尼佛在世時一直到現在，出家人的道場都是由出家人來住持。後來出現了這個爭論，一些佛教雜誌也經常發表這方面的文章。

我自己認為，一般來說，寺院應該由具有能力的出家人來住持、管理、講經說法。從戒律方面來講，如果出家人由居士來管理，財務等方面的權力也都交給居士，那可能是不合理的。大家在這方面也需要注意。

作為居士，如果有相應的能力，可以建立居士林等居士道場並擔任負責人，有必要時也可以講經說法。這樣做應該沒有什麼不可以的，因為在佛陀時代也有這樣的做法。

對於這些問題，有些人可能不敢說出自己的觀點；有些人即使說了，可能也起不到什麼作用。

其實，我們對於佛教各宗派之間的一些敏感問題或不同觀點，應該大膽地提出來，並進行剖析。雖然我們的觀點不一定會被人們所接受、認可，但還是要儘量依照佛經論典來行持。當然，如果我們有能力、有福報的話，很多事情就會解決得很好。

另外，「依法不依人」的含義並非如歐陽竟無居士所講的那樣。如果什麼事情都用一句話來推斷，也是不合理的。大家可以看看麥彭仁波切的《解義慧劍》，其中就講了四依法[7]的道理。有時候，我們如果對一句話沒有解釋好，也可能對佛教有一定的影響。

歐陽竟無居士在智慧方面應該是不錯的，但從他與法尊法師、太虛法師的辯論來看，他對密宗和出家人的成見還是很嚴重的，而且他的學術思想相當重。這樣一來，他的言論對於佛教界應該是有利有弊的。我自己是這樣認為的。

你們以後應該有機會給別人傳《心經》。其實，在寺院裡講《心經》還是很受歡迎的。很多人雖然會讀誦，卻不瞭解其中之義。包括一些大法師，真正讓他講《心經》的話，有時也感到很困難，當然，大多數法師應該是可以講的。

戊一、了知基般若

戊一（了知基般若）分二：

一、宣說五蘊空性；二、宣說七種甚深法。

今天講基道果中的「基」。首先講五蘊中的色蘊，再依此類推其他四蘊。

己一、宣說五蘊空性

己一（宣說五蘊空性）分二：

一、廣說色蘊空性；二、以此類推其他蘊。

庚一、廣說色蘊空性

舍利子，色不異空，空不異色，色即是空，空即是色，

「色不異空」，觀世音菩薩告訴舍利子：色蘊皆不離空性。

7 四依法：依法不依人、依義不依句、依智不依識、依了義不依不了義。

這裡的「色」指色蘊，並非僅指眼睛所見的色法。學過《俱舍論》的人都非常清楚，外境中的色聲香味觸以及無表色、地水火風、果色、因色等，都可以包括在色蘊當中[8]。

因此「色不異空」意為，不管是人們耳邊聽到的聲音、眼睛見到的色法，還是眼根、耳根本身，實際上都不離空性的自性。

「空不異色，色即是空，空即是色」，空性也不離色蘊，色蘊就是空性，空性就是色蘊。

這些道理看起來不難，但對於初學者來說，可能還是感覺有點矛盾。比如茶杯，它是我們眼睛可見的色法，如果說「茶杯就是空性，空性就是茶杯」，很多人也許會想：「茶杯怎麼會是空性呢？如果它是空性，我們怎麼往裡面倒茶呢？所以茶杯肯定不是空性的。」

實際上，這裡的「空」並不是指沒有顯現。在抉擇空性時，一定要區分現相與實相。在迷亂眾生面前，顯現肯定是存在的。一些中觀論典中也說，真正遮破顯現的中觀派何處也沒有。儘管如此，顯現也不能離開空性。同時，空性也不能離開顯現，可以說二者實為一體。

海螺之比喻

覺囊派的多羅那他尊者在其《心經》注釋中，用海螺的比喻來詮釋上述道理。患某種膽病的人會將白色海螺看成是黃色的——對於他來說，當時在他面前所顯現的色法確實是黃色的。但實際上，海螺的本體上並無黃色，因此黃色的顯現是空性的，這就說明了「色不異空」的道理。

「空不異色」，「空」對應白色，「色」對應黃色。我們可以這樣說：膽病患者眼前的黃色海螺不異於白色海螺，同樣，白色海螺也不異於黃色海螺。或者說，白色海螺即是黃色海螺，黃色海螺即是白色海螺。

對於這樣的推理方式，有些人剛開始可能覺得不太合理，但如果仔細思維，就會發現事實的確如此。如果我有某種膽病，那我無論如何也見不到白色海螺，儘管白色才是真相——在沒有膽病的人看來，海螺就是白色的。

同樣，茶杯、柱子、瓶子等色法，在我們看來是有顏色、形狀並具阻礙性的。但實際上，這些色法的本體都是空性的。因為諸大菩薩所見到的，就是無質礙的

8《俱舍論》：「所謂之色即五根，五境以及無表色。」

大光明的空性，而且這種空性也不離所見。

水月之比喻

對空性一無所知的人可能會想：「說色法和空性為同體肯定是不對的，否則釋迦牟尼佛已經遮破了我們面前的顯現。」實際上，顯現根本沒有被遮破。

榮敦大師在《心經大疏》中用水月之喻來說明這個道理：水月即空性，空性即水月；空性不離水月，水月亦不離空性。這裡的「空」對應水月的本體不存在。《大圓滿心性休息大車疏》中也有水月之喻。它說明，在凡夫人面前的確有種種顯現，但這些顯現並非真相。

前兩天給大家發的印度論師所造的《心經》廣釋中講了三種色法[9]：遍計色、所分別色、法性色。凡夫人所執著的是遍計的色法；瓶子、柱子等都是識的行境，這是分別的色法。前兩種色法都是不真實的，其真正的本體就是法性色法。而法性色法我們現在是看不見的，就像有膽病的人看不見白海螺一樣。

結合三轉法輪

對於「色不異空、空不異色」的道理，有時單從空性的角度來解釋還是有點困難。如果結合第三轉法輪，尤其是《大幻化網》等密宗續部來解釋的話，就非常方便了。

為什麼這麼講呢？因為所謂的空性並不僅僅是單空，如果只是一個單空，那除了白色和黃色以外，海螺本身又如何存在呢？

在這個比喻中，海螺對應不可思議的光明法界。雖然膽病患者的所見為黃色，無膽病者的所見為白色，但實際上，二者的所見都是海螺。也就是說，除了白色和黃色以外，還有一種實質性的東西。

按照他空派的觀點，法界光明離戲的本體是存在的，但它並非以顏色、形狀的方式而存在，也非語言、分別所能詮表。也就是說，這種光明法界是以不可思議的方式而存在的，因此不可能是凡夫人的對境。

9《聖般若波羅蜜多心經廣釋》（古印度扎夏薩生論師釋，任杰由藏譯漢）：「色有三種，即：遍計色、所分別色及法性色。此中諸凡夫異生計地水等堅相者，名遍計色；與境相應識所行境之色者，名所分別色；遠離遍計色及所分別色的真如相者，即名法性色。」

對於「色不異空、空不異色」的道理，我覺得以這種方式來解釋是非常好的。這個問題很關鍵，如果能夠通達，就可依此類推「道」當中抉擇五蘊、十二處、十八界、十二緣起、四諦等均為空性。沒有中觀基礎的人，對於這個道理可能還有種種懷疑。但這些懷疑畢竟是我們的分別念，如果分別念可靠的話，我們早就成佛了。

總之，我們所看見的色法實際上都不離空性。

結合破四邊

從破四邊的角度來講，「色不異空」等四句分別對應破凡夫、外道的執著、破聲聞緣覺的執著以及破菩薩的執著。破掉所有執著後才會獲得佛陀的境界。

「色不異空」，凡夫人對色法有很大執著，於是佛陀說，我們所看見的瓶子、柱子等色法都不離空性，以此破除有邊。

「空不異色」，聲聞、緣覺認為，空性是一種寂滅，人無我空性是最究竟的。他們對這種空性具有實有的執著，因此佛陀宣說了「空不異色」，告訴他們空性也不離色法。此處的「色法」是指清淨光明，因此，空性並非指「沒有」或「不存在」，以此來破除他們對無邊的執著。

「色即是空，空即是色」是破有無二俱、非二俱這兩個邊。這是針對菩薩而言的，因為一些菩薩在出定位還有這兩種細微的執著。

結合中觀四步境界

「色不異空，空不異色，色即是空，空即是色」，還可以對應中觀的四步境界，即空性、雙運、離戲、等性。

空性中顯現妙有

有些道友剛接觸中觀，可能還是會對這些道理心存疑惑，因此應該經常探討。若以中觀的金剛屑因、破有無生因等理論進行剖析，則一切色法都是不存在的；而在不存在當中，萬法又都可以顯現。這一點是很容易抉擇的。

有些人想：「萬法怎麼會在空性中顯現呢？」實際上，這是心的一種妙用，有了心的妙用，什麼都可以顯現。

麥彭仁波切在《如來藏大綱獅吼論》中，提到過無情法有無如來藏的問題。他說，無情法也是如來藏的一種妙現，或者說是心的妙用、顯現。而心的本體又是空性的，因此從空性中可以顯現色法。所以，無情法有無如來藏的問題其實很容易解決。

總之，一切萬法應抉擇為空性，空性中又可以有種種顯現。

無始以來，我們一直認為：顯現就是能被看見的東西，空性就是不存在。但事實並非如此，任何一個法，從其本體不成立的角度來說就是空性。

科學家眼中的「空性」

不僅中觀派如是承許，很多物理學家、量子力學領域的科學家、理論學家等，經過不斷的探索、研究後，也得出了這樣的結論。

愛因斯坦曾對物質和能量相互轉化的現象進行了研究和探索。他發現，雖然柱子、瓶子等是有質礙性的，但當它們轉化為能量時，這種質礙性就消失了。而且，每一種物質都可以轉化為能量，包括我們居住的地球、我們的肉體，都會因為轉化為能量而變得通徹無礙。科學家們對此感到非常驚訝，只可惜他們對中觀的道理一無所知……

因此，從物理學的角度來講，如果對瓶子等任何一個東西徹底剖析，從原子到原子核到夸克，最後連一個微塵許的法都不可能存在。

有物理學家說，如果在學習量子力學的過程中沒有感到震撼，就說明他還沒有精通這門學科。

可見，從世間的角度來觀察，任何一個事物的本體也根本不可能存在。如果事物的本體不存在，就說明我們面前所顯現的色法都是空性的。

以前，台灣有一位居士，曾經把太空理論、量子物理與《心經》《寶積經》《華嚴經》中所宣說的道理結合起來進行分析。由於他特別精通物理學，所以有些地方分析得非常好，值得我們借鑒，比如講到了現代科學在探索過程中，有些地方還沒有趨至究竟。但他可能還沒有精通中觀和因明，因此對於佛教與物理學、量子力學之間的理論衝突還未超越。

總的來講，現在世界上任何一個科學家、哲學家都根本沒有找到事物真實存在的依據。如果是這樣的話，那麼關於「色即是空，空即是色」的道理也就自然而然能夠明白了。

所以，「空性」並非佛教獨有的一種說法，世間學者們也可以通過研究而得出相似的結論。只是他們使用的名詞、表達方式與佛教不同，在理解上也跟佛教理論有一定的距離，可以說他們還沒有真正懂得空性的道理。

我想，作為修行人，有時候也應該將佛法中的道理與一些世間理論結合起來進行觀察，這樣會對理解佛法有很大幫助。

總之，大家對於今天講的「色不異空，空不異色，色即是空，空即是色」的道理應該要瞭解清楚。

庚二、以此類推其他蘊

受想行識亦復如是。

「受想行識」，對於受、想、行、識，我想應該不用詳細解釋，因為在座的大多數人都學習過《俱舍論》。

受，包括樂受、苦受和捨受。

想，《俱舍論》中對於想蘊解釋得不是很廣，好像只有一句話[10]。其實，所謂想蘊就是指心和心所去分別對境，有一種分別的相。

行，有相應行和不相應行。

識，有八識聚、六識聚等不同說法。

「亦復如是」，受想行識這些蘊「亦復如是」，也就是說：受不異空，空不異受，受即是空，空即是受；想不異空，空不異想，想即是空，空即是想……以此類推，「受想行識」的本體就能完全了知。

以上就是對於基的分析方法。關於道的分析，我們明年再講。（眾笑）

己二、宣說七種甚深法

在藏文譯本中，此處講了「八種甚深法」，但我看很多漢譯本中都只有七種甚深法，所以我們在科判上也如是安立。

10《俱舍論釋》：「想蘊的法相：心毫不混雜地執著自之對境藍、黃等相。」

舍利子，是諸法空相，不生不滅，不垢不淨，不增不減。

「舍利子」是觀世音菩薩與舍利子對話時使用的呼喚詞，表示一種提醒，意為：舍利子，你應該明白，色即是空，空即是色；舍利子，你應該明白，是諸法空相……

五種不譯

唐代大譯師們翻譯佛教典籍時有五種不譯[11]，即五種不需要翻譯的情況：

第一種是秘密故不譯。比如大悲咒、楞嚴咒、百字明、觀音心咒以及《心經》中的咒語等，因其意義廣大且極為深奧，所以不用翻譯。

第二種是多義故不譯，即具有多種意義的詞語不用翻譯。前兩天講到，佛陀也叫做「薄伽梵」，由於「薄伽梵」具有多種含義，所以不用翻譯。

第三種是此方所無故不譯。由於某種事物在當地不存在，也就無法翻譯。像印度方言中的某種說法，在翻譯時本應將其意義原原本本地轉換為漢語，但是如果中國沒有這種說法，也就無法翻譯。

再比如藏地的「糌粑」（ཙམ་པ），因為漢地沒有這種食物，所以也無法翻譯——將其譯為「麵粉」「白粉」「青稞粉」等都不行，後來很多譯師就直接進行音譯了。

另外，有一些人名、地名等也屬於這種情況，如「閻浮提」。

第四種是隨順傳統故不譯。如「阿耨多羅三藐三菩提」，意為「無上正等正覺」，雖然可以翻譯，但歷代許多譯師都是用音譯，故保留前人的傳統。

第五種是生善故不譯，即以不譯來表示極為尊重，如「阿羅漢」「菩提」「般若」等。

其實，「般若」不譯的原因，還有前面所說的含義眾多，如果單單譯成「智慧」，意義就比較狹窄了。所以，《大般若經》《中般若經》等經典中都直接講「般若」。

另外，像「舍利子」這個名字，在漢語中沒有完全對應的詞語，因此不用翻

11 五種不翻：唐玄奘立五種不翻之規：一、秘密之，故不翻，如陀羅尼者。二、含多義，故不翻，如薄伽梵之語具六義者。三、此方所無，故不翻，如閻浮樹者。四、順於古例，故不翻，如阿耨菩提者。是非不可翻，以摩騰以來常存梵音故也。五、為生善，故不翻，如般若者。謂般若二字，聞之者生信念，以如譯為智慧，則生輕淺之意故也。見《名義集》序。

譯。「舍利」是他母親的名字，是音譯。在藏語當中，「舍利子」譯為「夏熱沃」（ཤ་རིའི་བུ།），「沃」（བུ།）是「子」的意思，最後這個字做了翻譯。

有些人的名字是具有意義的，如「扎西」意為吉祥，因此可以翻譯。而有些人的名字沒有具體意義，這種人名在印度、漢地、藏地都有，翻譯時只要音譯即可。

一位英國學者曾說：「現在幾乎沒有像唐玄奘那樣被普遍認可的著名翻譯家了，有些譯師所翻譯的作品甚至只有一個讀者，就是他自己。在將佛經論典翻譯成英文方面也有這種欠缺……」他在這方面講了很多道理。的確，現在不管是藏譯漢還是漢譯英，都存在這種情況。

剛才講到了五種不譯，這間接說明，我們在理解佛經論典時，應結合印度、藏地的傳統和風俗習慣，如果對此完全不瞭解，恐怕很難明白經論中所表達的意義。

七種甚深法

宣說七種甚深法的這段經文，藏譯本比玄奘譯本多了一個「無相」，即：「是諸法空性、無相，不生不滅……」所以，我以前解釋漢譯本的這段經文時，曾把「空」解釋為兩種含義：一是空性，二是空相，即相不存在。但這樣解釋很費勁，所以我們在這裡只講七種甚深法就可以。

「空相」指第一種甚深法：萬法之相為空。也就是說，萬法不僅性空，其相也空。

為什麼說萬法相空呢？

表面上看來，相是不空的。因為我們所看到的男人、女人、房屋、山河大地等所有的法都有各自的行相，而且這些行相看起來確實存在。但實際上，這些行相只不過是我們分別念的假立，真正的行相並不存在。

我們講「色不異空，空不異色」的時候，也觀察過這一點。在名言當中，瓶子的相的確存在；但以中觀推理去審察時，它的相就連微塵許也不存在了。

因此《金剛經》中也說：「凡所有相，皆是虛妄。」萬法之相，在究竟意義上是不存在的。或者說，一切法的法相、名相和事相都不存在，《中觀根本慧論》第七品（《觀三相品》）就專門破了這三相。

儘管諸法的相是不存在的，我們這些可憐眾生還是會經常執相——執著聲音的相、色法的相、味道的相等等。如果通達了外境中的所取相不存在，那麼有境的能取相也就不存在了，這就抉擇了般若空性的本體。

「不生不滅」指第二、第三種甚深法。

表面上看來，諸法依靠各種因緣的聚合而產生，夏有鮮花盛開，春有萬物生長，但真正去觀察就會發現，所謂的「生」是無論如何也無法安立的。比如，觀察因與緣到底怎樣聚合，因是如何產生果的……結果都無法成立。

既然某一法就像石女的兒子一樣從未產生過，那它的安住和毀滅自然也就不用探討了。

經文中首先講諸法的行相不存在，然後講行相的來源即最初的產生不存在，最後講它的毀滅也不存在。這是從有為法的角度來抉擇的。所以，一切有為法都不可能存在，因為其法相——生、住、滅等都是不存在的。

另外，覺囊派有些大德說，這段經文是在講三自性中的遍計法不存在。三自性即遍計法、依他起和圓成實。

「不垢不淨」指第四、第五種甚深法。

「垢」即染汙，指輪迴。表面上看來，輪迴當然是存在的，六道眾生有各自的壽命、痛苦、生存環境、生活方式等。但若詳細觀察，六道輪迴只不過是眾生的迷亂顯現而已，其本體絲毫也不存在。

「淨」即清淨，指涅槃。在未經觀察時，無論是自性清淨的涅槃還是離垢清淨的涅槃都是存在的。但從空性的層面來抉擇時，涅槃的本體就不存在了。

總之，染汙的輪迴和清淨的涅槃二者都不可能存在。這可以理解為是從依他起（包括清淨依他起和不清淨依他起）的角度來抉擇空性的。

其實，這裡的「不垢」是指染汙不存在。《中觀根本慧論》第六品《觀染染者品》中就抉擇了染和染者不存在，第十六品《觀縛解品》中抉擇了束縛和解脫不存在。如果學習了這些，就能完全明白此處所宣說的道理。

「不增不減」指第六、第七種甚深法。從果位的角度來說，這是指圓成實不存在。

表面上看來，眾生住於輪迴之時，煩惱在增長，而且功德很少；趨入涅槃之時，功德會增上，煩惱和障礙會滅盡。也就是說，在眾生位，貪嗔癡煩惱在不斷滋長，而且不具佛陀的大悲心、無二慧和菩提心等功德；一旦成佛，相續中的所知障和煩惱障就滅盡了，同時如海功德不斷增上。

從現相上來看，眾生處於輪涅的不同階段時，功德、過患的確有增有減。但從萬法實相或般若波羅蜜多空性的層面來衡量時，所謂的「增」和「減」，只不過是修行人在修行過程中分別念的增減而已，實際上根本沒有什麼增加和減少。

總之，基道果的一切法可以攝在七種甚深法當中。或者說，由七種甚深法能推出遍計法、依他起和圓成實這三者不存在，如果這三者不存在，那麼輪迴和涅槃所攝的一切法就都不存在了。

國外的一位大德在台灣講《心經》時，將這部分內容解釋為「三解脫門」，即因無相、體空性、果無願。「諸法空相」為體空性（即本體空性），「不生不滅、不垢不淨」為因無相，「不增不減」即果無願。這樣解釋也是可以的。三解脫門是一切諸法之本體，也是菩薩修行所要達到的目標。

以上宣說了基般若或自性般若。

戊二、了知道般若

戊二（了知道般若）分五：

一、抉擇五蘊皆為空性；二、抉擇十二處為空性；三、抉擇十八界為空性；四、抉擇十二緣起為空性；五、抉擇四諦為空性。

己一、抉擇五蘊皆為空性

是故空中無色，無受想行識，

我這次把科判分得細一點，你們以後如果感覺在字面上很難解釋的話，就可以從科判上瞭解其含義。

「是故」，前面已經抉擇了基：五蘊不存在以及有為法和無為法同體的七種甚深法。由此能得出什麼結論呢？五蘊、十二處、十八界、十二緣起、四諦都是不存在的。所以，「是故」二字就引出了這五個方面為空性的道理。也就是說，在抉擇了基般若（自性般若）後，就開始廣說道般若，其中先講五蘊皆為空性。

「空中無色」，在空性當中，真正具實有的色法是不存在的。這裡的「色法」指五蘊中的色蘊，而非眼根的對境色法。後者是十二處中的色處，二者有很大差別，學過《俱舍論》的人應該清楚。

「無受想行識」，空性當中不僅沒有色蘊，而且沒有受想行識這四蘊。快樂、痛苦等感受，有想、無想的想，這是能取方面。行包括相應行和不相應行。

《俱舍論釋》第一品講五蘊時說，在一切心所當中，佛陀將受蘊和想蘊單獨安立為蘊，這是因為，在家人貪圖快樂的感受，因此經常為了房屋、財產、女色等而爭執不息；出家人經常想自己的宗派好、別人的宗派不好，進而引發爭論[12]。

受想行識這四蘊在名言中可以如此承許，但從般若實相的角度來觀察，這四蘊都是不存在的。

有些人可能會疑惑：前面已經講了五蘊皆空，這裡為何再次抉擇？我以前也一直想：「為什麼『五蘊』出現了兩次？」後來才明白，這兩處分析的角度不同。前者是從基般若（自性般若）的角度，抉擇諸法本體為空性；此處是從道般若的角度，宣講在修道過程中應如何了知五蘊皆空之理。因此，二者在抉擇方式上是有差別的。

己二、抉擇十二處為空性

無眼耳鼻舌身意，無色聲香味觸法，

在藏文譯本中，這部分內容被翻譯成：「無眼，無耳，無鼻，無舌，無身，無意。無色，無聲，無香，無味，無觸，無法。」法成法師的譯本也是如此[13]。而唐玄奘譯本中只用了一個「無」字。其實，藏文當中也可以只寫一個「無」，但譯師們如此翻譯，可能是有增強語氣等目的。

那天我給他們念藏文本的《心經》傳承，花了很長時間，因為否定詞特別多。如果用漢文譯本，尤其是用唐玄奘的譯本來念，就會特別快。現在很多人喜歡《心經》，原因之一也是它的篇幅非常短。

不過，很多人念了一輩子的《心經》，還是解釋不來，包括有些大法師、大

12《俱舍論釋》：「受與想二者成為在家與出家僧俗二者爭論的根源，所有在家人均貪圖體驗樂受，於是為了財產、田地、牲畜與女人而爭論不休；出家人由於對自他宗派有好壞的想法進而破立，展開辯論。」

13《般若波羅蜜多心經》（國大德三藏法師沙門法成譯）：「舍利子！是故爾時空性之中，無色、無受、無想、無行亦無有識。無眼、無耳、無鼻、無舌、無身、無意。無色、無聲、無香、無味、無觸、無法。」

居士和大學生佛教徒。有些人甚至覺得《心經》中的道理與現量所見的事實是明顯矛盾的，「為什麼說眼耳鼻舌身意都不存在啊，明明是存在的！」

良价禪師是漢地有名的曹洞宗之開宗祖師，他很小就跟隨一位禪師出家了。當時他年紀雖小，卻非常聰明。由於每天背誦《心經》而不解其意，有一天他就跑到師父面前說：「師父，您看我的眼睛也存在、鼻子也存在、耳朵也存在，為什麼《心經》中說它們都不存在呢？」

那位禪師想了一會兒，不知如何回答，就說：「你這個小孩子很聰明，我沒辦法教你，你還是去找靈默禪師求教吧。」後來他就依止了靈默禪師，再後來又依止了南泉禪師（馬祖最得意的弟子）等，最後終於悟到了眼耳鼻舌身意等都不存在的道理。

分開二諦是關要

一些沒有學過佛法，或只學過小乘法門、對大乘佛法瞭解不多的人，經常誤解《心經》中的道理。

我們到泰國時，南傳佛教的一些法師就經常問：「《心經》中為什麼說眼耳鼻舌身、色聲香味觸都不存在？這些明明是存在的東西，佛經中予以否定有什麼密意呢？」他們對這些道理雖然也有所瞭解，但還是接受不了直接宣說諸法為空性的教言。

學過中觀的人應該清楚，在名言（世俗諦）當中，眼耳鼻舌身從來沒有被遮破過，不僅《俱舍論》中對這些法做了宣說，而且它們在世間顯現中也是存在的。我以前學物理的時候學過光學，其中講到眼睛是由玻璃體、晶狀體、視網膜等構成的，這些具有實體的物質在名言中是存在的。

但以中觀理真正觀察時就會發現，這些法並不存在。比如，以中觀推理去觀察眼根，會抉擇其為空性；如果眼根不存在，那麼其他根也同樣不存在。

我們若想從教義上通達《心經》，就必須翻閱《大般若經》《中般若經》等般若經典；若想從理證上瞭解《心經》，就必須通達《中觀根本慧論》等中觀論典，因為這些論典清晰抉擇了現相當中的清淨法、不清淨法以及眼耳鼻舌身等均不存在的道理。

其實，我特別害怕在沒有學過中觀的人面前講眼耳鼻舌身不存在。像以前的良价禪師，無疑是利根者，他經過到處參學，最終獲得了很高的境界。但並不是所有人都能像他這樣。

大概在唐代，有一位禪師正在為眾人講《金剛經》，當他講到「無人相、無我相」時，一位居士站起來提問：「法師，您說沒有人相、沒有我相，那您不是人嗎，您沒有『我』嗎？如果沒有，那說者您就不存在，聽者我們也不存在。既然如此，我們現在正在聽您講《金剛經》這個現象又如何解釋呢？」

其實，很多人只是執著於相的方面，根本不清楚世俗與勝義之差別。實際上，《般若經》並沒有說名言中的眼耳鼻舌身不存在。我們即使問一年級的小學生：「眼耳鼻舌身存不存在？」他也會說：「存在。」何況是釋迦牟尼佛那樣具有超勝智慧的大徹大悟者，更不會否認眾生面前的顯現了。

所以，這裡所謂的眼耳鼻舌身意不存在，是指其本體不存在。因為眾生面前的顯現就像夢中的顯現一樣，真正觀察時根本不存在，這個道理有豐富的教理依據。

十二處[14]包括五種色根及意根，此為六根，再加上色聲香味觸法這六境，稱為十二處。色包括顯色和形色，顯色有十二種[15]，形色有八種[16]；聲音也有八種[17]；香有妙香、惡香、平等香和不平等香；味有甜、酸、辣、鹹、澀、苦六種；

《俱舍論》中還說，觸有因觸和果觸，因觸法為四大，果觸法有柔軟、粗糙、輕、重、冷、饑、渴這七種。

這些法在名言中是存在的，但在勝義當中或從其本性上去觀察，每一種法都不存在。比如耳邊聽到的聲音，無論美妙還是刺耳，均無有實質性的本體。以此類推，所謂的十二處都不存在。

己三、抉擇十八界為空性

此處的推理方法，跟抉擇五蘊、十二處為空性是基本一樣的。但是由於眾生有不同的執著要破除，所以經中就從三個角度做了宣講。

---

14 十二處：眼、耳、鼻、舌、身、意、色、聲、香、味、觸、法。

15《俱舍論釋》：「十二種顯色：藍、黃、白、紅四種根本顯色；影、光、明、暗、雲、煙、塵、霧八種支分顯色。」

16《俱舍論釋》：「八種形色：長、短、高、低、方、圓、正、歪。」

17《俱舍論釋》：「聲境有八種，即有執受大種聲與無執受大種聲。其中第一種有執受大種聲分有記別聲與無記別聲兩類，有記別聲又分為如說法那樣的悅耳聲與粗語那樣的刺耳聲兩種；無記別聲也有如小鈸發出的悅耳聲與如拳擊發出的刺耳聲兩種。無執受大種聲也分有記別與無記別兩種，有記別聲又有如幻化人的傳法聲與如幻化人所說的粗語聲兩類；無記別聲也有如銅鼓那樣的悅耳聲與如岩塌那樣的刺耳聲兩種。」

無眼界乃至無意識界，

十八界：眼耳鼻舌身意六根，色聲香味觸法六塵（即六境），以及依靠六根和六塵而產生的眼識、耳識、鼻識、舌識、身識、意識這六識，加起來就是十八種界。

十二處是以處的角度來講的，十八界是以界的角度來講的。按照《俱舍論》的一些講義，「處」有處所和門的意思，「界」有種子和界性的意思。

輪迴中萬事萬物的顯現都要依靠十二處（六根、六境），就像莊稼的生長要依靠田地一樣。而十八界中的六識則如同種子，起到根本性的作用。如果光有田地而沒有種子，是不可能長出莊稼的；同樣，光有十二處而沒有六識的話，眾生也不可能造業，沒有造業就不可能有三界輪迴的種種顯現。這就是界之種子性、根本性的意義。另外，界也有界限、範圍之義，如地界、人界等。

總之，基道果的所有法如果廣說，應該以十八界來理解。

如前所抉擇，十八界也是空性的。因為六根不存在，那麼六根的所緣緣——六境（六塵）也不存在，如果根和境都不存在，那麼依此而產生的六識也不可能存在。

現空雙運

所以，所謂的十八界，只不過是眾生面前迷亂的顯現而已。正當顯現之時，其本體就是空性的——在顯現以外找不到空性，在空性以外也找不到顯現。也就是說，顯現和空性是雙運的（現空雙運），現即是空、空即是現，也可以說「色即是空、空即是色」。

在勝義當中，五蘊、十二處、十八界都是不存在的，但這種「不存在」並非單空。有位法師講：「一切萬法在勝義當中如夢如幻，在世俗中則是存在的。」——他講到最高的境界時，也是這樣抉擇。當然，對於實執特別嚴重的眾生來講，可以暫時按中觀自續派的見解來抉擇，但這是不是中觀最究竟的見解呢？肯定不是。

所以，大家不要認為，僅僅抉擇十八界不存在就是《心經》的觀點。實際上，顯現和空性是無離無合的，就像正在顯現的夢境與其空性本體無離無合一樣。

夢的比喻

永嘉大師曾說：「夢裡明明有六趣，覺後空空無大千。」做夢時，夢境好像確實存在，醒來後才發現一切都是虛無。同樣，三界眾生面前雖有種種顯現，但若真正覺醒或者證悟了空性，那所有顯現根本不可能實有存在，因為這一切都來源於空性。

有修證的瑜伽士、高僧大德們，不管白天還是黑夜都可以現前這樣的境界。而一般的眾生，則如《定解寶燈論》所講，現的時候空不了，空的時候現不了，始終感覺二者之間是矛盾的。當然，如果進一步修行，到一定的時候也會證得現空雙運的境界——現的時候空，空的時候現。

上師如意寶傳蓮花生大士的《六中陰》時，講了他老人家自己的一些境界：在做夢的時候，他完全知道自己在做夢，同時也能了然照見外境的種種顯現。這種修法在《六中陰》等大圓滿法及很多上師的竅訣中都有，蓮花生大士和密宗瑜伽士們的傳記中也有諸多記載。另外，漢地禪宗的公案中也有類似的描述。

有一次，四祖道信禪師跟懶融禪師住在一起。懶融禪師晚上一般不睡覺，他就坐在石凳上打坐。但是道信禪師睡著後，一直在打呼嚕，因此懶融禪師整晚都無法安心打坐。

第二天早上，道信禪師醒來後，懶融禪師就對他說：「你昨天晚上睡得太沉了，一直在打呼嚕，我一點都不安心，坐禪也很困難。」道信禪師說：「我沒有睡著啊，我晚上一直在觀周圍的環境，非常明清。」懶融禪師不相信，就說：「怎麼可能？你整晚都在大聲地打鼾。」道信禪師說：「昨天晚上，你身上有兩隻小跳蚤在打架，其中一隻失敗了，就掉在了地上，一條腿都摔斷了，一直在叫，我怎麼睡得著？」懶融禪師不相信，就去找跳蚤，結果真的找到了。

大圓滿的中陰竅訣中也說，有些修行人明明在睡覺，但對於周圍的環境卻可以清晰地照見。我覺得，前面那位禪師的境界就跟這種描述非常相像。

對於初學者而言，顯現和空性有點矛盾，睡覺和了知外境更加矛盾，甚至感覺這些都是不太可能的。

那天，我和慈誠羅珠堪布在成都住了一個晚上，他打呼嚕的聲音特別大，都把我吵醒了，但我過一會兒還是睡著了。第二天早上他對我說：「哎，你打呼嚕的聲音很大，我一晚上都沒睡好。」我說：「你打呼嚕的聲音也很大，我也一晚上都沒睡好。」我們好像都沒有那種境界，所以一直互相影響。（眾笑）

前面講到，僅僅將十八界抉擇為單空是不合理的。因為，眼界乃至意識界不存在的當下還有一種顯現，但這並非凡夫人面前的那種顯現。所以，空性與顯現二者在凡夫人看來難免非常矛盾。因此，要想瞭解顯空無別的道理，只有借助表示或直指，此外沒有其他辦法。

己四、抉擇十二緣起為空性

無無明亦無無明盡，乃至無老死，亦無老死盡，

這裡講到了緣起空性。

十二緣起支包括無明、行、識、名色、六處、觸、受、愛、取、有、生、老死。我們以前在《俱舍論》《中觀根本慧論》等論典中已經學過很多這方面的道理了，大家應該清楚。

在名言當中，十二緣起是存在的；而在勝義當中，十二緣起則不存在。那麼，這種「不存在」本身（單空）是否存在呢？也不存在。所以經中云：「無無明亦無無明盡。」如果沒有無明，那麼無明的滅盡也不可能存在。

一般來講，十二緣起包括順式緣起和逆式緣起，或者說流轉緣起和還滅緣起。聲聞觀順式緣起（流轉緣起），獨覺觀逆式緣起（還滅緣起）。從無無明、無行、無識、無名色、無觸……一直到無生、無老死，就是還滅緣起。反過來說，如果沒有無明，那麼無明的滅盡也不存在；行、識、名色、六處、觸、受、愛、取、有，乃至老死，其滅盡都是不存在的。經中是從正反兩個方面來抉擇十二緣起為空性的。

《中觀根本慧論》第二十六品（《觀十二因緣品》）中，也抉擇了十二緣起為空性的道理，講得比較細緻。

十二緣起支

下面我給大家簡單介紹一下十二緣起支。

第一支：無明。龍猛菩薩、月稱菩薩等很多大德說，無明就是薩迦耶見，即我執和我所執。還有一些大德認為，無明就是未能如實了知事物真相的迷惑心態。

第二支：行。有了迷惑的心態，行就會產生。因為眾生會由於迷惑而不知取捨，從而造善業、惡業或無記業。

第三支：識。造了業以後，識就會出現。

具體來說，我們前世迷迷糊糊地造過很多業，就像現在社會上的很多人一樣，有了業就會投生。若是胎生，識就是入胎剎那的心識。

密法的中陰竅訣中說，中陰身會看見很多人群，也可能看見美女等自己所貪愛的對境，這個時候不能生貪心，而要將他們觀為上師佛父佛母。

世間也有很多人能回憶前世，有的人就說他在中陰期間遇到過老虎等。有一位禪師的公案中還說，他在某一世曾經變成了一隻小豬。因為他在中陰階段看見了一個特別胖的白色美女，就跑過去擁抱，結果就投胎了。他聽到主人說：「我們的母豬生了好多小豬！」他一看，自己就是其中一隻，於是馬上撞牆自殺了。

的確，中陰境界中可以有各種迷亂顯現。如果前世是人，到了中陰階段，也會把母豬等看成美女。

第四支：名色。入胎後開始形成名色。此時，真實的色蘊還未形成，只有受想行識，這四蘊的聚合稱為名色。有些人認為，這個階段為膿液、團漿等，稱為住胎七位或住胎五位。

第五支：六處。在胎中已顯現六根的階段叫做六處。六根顯現後，六境也就出現了。

第六支：觸。剛剛出胎時，六根與六境真實接觸，但對於環境還有很多不適應。比如，會感到陽光特別刺眼；身體接觸墊子時，就像落到了荊棘叢中一樣，《大圓滿前行》中也是這樣講的。我們講《俱舍論》和《中觀根本慧論》時，也給大家分析過「觸」。

第七支：受。小孩會產生苦、樂、捨的感覺，這叫做受。

第八支：愛。有了受以後，就會排斥苦受、希求樂受，這就是愛，一般在孩童時代開始出現。

第九支：取。有了愛就開始造業，這是取。

第十支：有。有了各種各樣的業，輪迴就會不斷持續。

第十一支：生。十二緣起攝在前世、今世和後世當中，生是指後世的投生。

第十二支：老死。有了生就會有老死。眾生就這樣不斷流轉。

抉擇十二緣起為空

在名言當中，十二緣起的存在誰也無法否認；但經過勝義觀察，十二緣起確實是不存在的。

以無明為例。所謂無明，其實只是對萬法真相未能了知的能取而已。這樣的能取，無論從其本體上觀察，還是從其最初的產生、最後的去處上觀察，都根本得不到。

有些竅訣書中講：我們可以說「用燈光來遣除黑暗」，但實際上，黑暗是無來無去的，其本體本來就不存在，如果存在，它將無法被遣除；同樣的道理，無明的本體也是不生不滅的。

在抉擇無明本體不存在方面，各教各派都有不同的竅訣。

破我執

總的來講，我們為什麼要講《心經》呢？主要就是為了破相、破我執。如果真正能破掉我執，那麼輪迴的根本——無明也就不存在了，十二緣起的源頭也就消失了。因此，破相、破我執還是很重要的。

關於破我執，禪宗有一個「破灶墮和尚」的公案。有一個中陰身（另有說法是它是一個魔鬼），專門想害眾生。有一天，它看到路邊有一個破舊的灶，就將其執為自己的身體，最後就變成了這個灶——有點像孤獨地獄的眾生。人們把它看作灶神，經常對它做供養，它也儘量隨順、幫助人們。後來，整個鄉村的人都特別信仰它，整天對它做血肉供養。

有一天，慧安國師的弟子（即「破灶墮和尚」）路過那裡，以神通看見了那個「灶神」。他覺得這個「灶神」非常可憐，人們對它做血肉供養也很不好，就用手上的禪杖在灶上敲了三下，但沒有起到作用。他又以空性的見解為它直指（有點像密法中的直指）：「你不應該將這個灶執著為自己，因為它只是由泥土、小石子等組成的。」他安住在空性的見解中，又敲了三遍，灶立即倒塌了。從此以後，那裡再沒有出現過這個「灶神」。

在我們藏地，人們在夏天搬完家以後，也會在草地上留下三個灶，那種灶一般是用黃泥做的。我想，破灶墮和尚敲的可能是這樣的灶吧？如果是石頭做的灶，可能不僅敲不破，還容易把自己的禪杖弄斷。

後來，有一個天人來到禪師面前，對他說：「以前我的業力非常深重，不僅將灶執著為自己，而且害了無數眾生。通過您的法力和加持，我已經轉生到天界了，不用再感受痛苦，非常感謝您！」

無明的來源，實際上就是薩迦耶見，即我執和我所執。如果沒有通達中觀法門或《心經》等般若法門，我們永遠也無法摧毀薩迦耶見。雖然我們不像那個鬼神一樣，將灶執著為自己，但我們將五蘊聚合的「灶」執著為我和我所，跟那個「灶神」也沒有多大差別。因此我們應該觀察自己的分別念，思考「我」到底是什麼？

「破一品無明，證一分法身」

破除無明很重要。天台宗講：「破一品無明，證一分法身。」我覺得這個教言很殊勝。但是，海外有法師講《六祖壇經》時，對此觀點不太承認，他說：「天台宗講『破一品無明，證一分法身』，無明不斷破掉，法身紛紛顯現，哪裡有這樣的事情？無明破完就破完了，什麼都沒有了，怎麼會有法身的增長？」其實，這樣的說法不一定正確。任何一個法，若要真正理解，就必須去瞭解對方的宗派。如果只知道他宗的一兩句話或一兩段教言，可能無法直接予以遮破。

所謂「破一品無明，證一分法身」，並不是說無明有很多，全部在這兒排著隊，「打死」一個無明，馬上就有一個法身出現。實際上，無論眾生相續中有多少個分別念，全都是無明的起現。如果我們在每一次起心動念時，都能認識到這是無明在作怪，並認識其本體，相續中的智慧就在增長，並不是說此時有無數個法身出現了。

上師如意寶經常在課堂上引用阿底峽尊者的教言：「如果一天出現一百個分別念，也就出現了一百個法身智慧。」講的也是這個意思。

我覺得，智者大師所傳的天台宗竅訣是很甚深的，現在有些人隨隨便便去遮破，到底能不能破掉呢？如果確實有能破的教理依據，當然也是可以的。不過我覺得，在佛教內部，沒有必要將很清淨的宗派全部推翻。比如，薩迦派和格魯派的一些修行人如果天天「吵架」，真正明白教理的人倒是不會因此而生貪心或嗔恨心，但不明白的人可能就會產生邪見。

總之，破無明還是很重要的。破了無明，則無明的滅盡也就破了，因為二者是觀待而生的。就像「我」如果不存在，那麼「無我」也不存在，因為「無我」是依靠「我」而產生的。如果無明的滅盡不存在，那麼直至老死之間的滅盡也不存在。這樣一來，十二緣起的流轉和還滅就全部抉擇為法性空性了。

我這次講得比較略，因為課程結束前我還想講一點華智（巴楚）仁波切的竅訣或其他上師的教言，所以恐怕沒辦法廣講。

己五、抉擇四諦為空性

無苦集滅道，

下面講苦集滅道不存在。釋迦牟尼佛在第一轉法輪中主要抉擇了四諦，即苦諦、集諦、滅諦和道諦。首先，知道三界輪迴都是痛苦的自性，這叫了知苦諦。那麼，痛苦的來源是什麼呢？就是集諦，即業和煩惱。苦諦和集諦為輪迴所攝，苦諦是輪迴的果，集諦是輪迴的因。滅諦和道諦為涅槃所攝，滅諦是涅槃的果，道諦是涅槃的因。

輪迴之因果

為什麼說苦諦是輪迴的果呢？

大家都知道，欲界、色界、無色界都有各自的痛苦。欲界三苦俱全——苦苦、變苦、行苦全部具足，色界只有變苦和行苦，無色界則只有行苦。

《智者入門論》中講，三界眾生都被三苦所逼迫著。五世達賴喇嘛的一個祈禱文中也說：「三界三苦所禁錮，輪迴本性苦無邊」，以前上師如意寶經常引用。當然，無色界的變苦和苦苦是以隱藏方式存在的。

講到這裡我又想到，《俱舍論》是應該學的，否則很多道理都無法細緻分析。剛才講了，苦的來源就是煩惱和業。當我們前世轉生為其他眾生的時候，以無明和煩惱而造了各種各樣的業，進而產生了這一世的痛苦。

總之，我們首先要了知苦諦，然後要知道苦諦的來源是集諦，此二者即輪迴的果與因。

涅槃之因果

苦諦和集諦必須依靠智慧來斷除，斷除以後即為滅諦。按照小乘等宗派的觀點，三界輪迴的痛苦是一定可以被滅除的。當然，滅諦不可能無緣無故現前，必須依靠修道，或者說依靠道諦。

斷除煩惱的方法有很多。淨土宗主要以一心念佛的方式來修持道諦、現前滅諦；密宗依靠上師的竅訣來認識自心本面，從而斷除一切煩惱；禪宗有參話頭的方式，比如參「念佛是誰」，以此來參修、安住，這是以直斷為主的頓悟法門。總之，大小乘各派都有殊勝的竅訣。

在名言的顯現上，斷除苦諦、集諦，現前滅諦等都是存在的，因此有取有捨。而在勝義當中，四諦的本體經過一一觀察，根本不可能存在。《中觀根本慧論》第二十四品（《觀四諦品》）就對四諦有廣泛抉擇。

講經感觸

在座的人基本都聽過《俱舍論》，也聽過《中觀根本慧論》，所以聽《心經》一點都不困難。講到名言諦的時候，大家就用《俱舍論》的智慧來分析。從表情上也看得出來，很多人已經進入《俱舍論》的世界了，好像自己的眼耳鼻舌身都存在一樣，大家都很有精神。講到空性的時候，又進入了《中觀根本慧論》的世界，在離一切戲論的境界中全然忘我，連自己在打瞌睡都不知道了（眾笑），好像真正融入了龍猛菩薩的懷抱。現在有些法師說，應該以通俗的語言來弘法利生，這非常重要。但有時候，用通俗的語言很難表達出佛法的甚深含義。比如「無明」這個詞，如果用「特別愚笨」來代替，就無法詮釋它的真實本意。

關於四諦不存在的道理，我想我在這裡不用廣說，大家可回憶一下《中觀根本慧論》中的相關內容。四諦在名言當中是存在的，否則我們就無法修行，即使修了也沒有什麼意義；而在勝義當中，四諦都是不存在的，這就是實相中的真理。

破相

學習《心經》以後，大家應該破除對實有相的執著，這一點很重要，也是《心經》的核心之義。其實，不管是講《金剛經》《心經》，還是講《中觀根本慧論》，都是為了破除對實有相的執著。如果能做到這一點，自己的修行應該會有很大的提升。

所以講完《心經》以後，我會講一個《心經》的簡單修法。歷代高僧大德，尤其是藏傳佛教的高僧大德們，都有修行《心經》的傳統。我們作為後學者，不僅要從理論上研究《心經》，也要對其實際修持。

分二諦

我以前也說過，現在很多地方沒有二諦（世俗諦、勝義諦）的分析方法。有一位法師講《六祖壇經》的時候說：「這位祖師講得非常妙！為什麼呢？因為他說『無取捨』——『無取』就是讓我們不要執著一切善法，但是又害怕我們落入另一種執著，所以又說『無捨』，讓我們不要捨棄善法。」其實，這裡的「無取捨」需要通過二諦來分析。當然，由於佛教是圓融的，一句話也可以有很多解釋方法。

不管怎麼樣，按照中觀的解釋方法，「無取捨」是指在勝義當中沒有取捨——所取的也沒有，所捨的也沒有，修道不存在，佛不存在，輪迴也不存在……就像《中觀根本慧論》中所講，輪涅所攝的一切萬法都不存在。那個時候，你就根本不用害怕「因果不存在」「取捨不存在」的說法。

而在如夢如幻的世俗迷亂顯現當中，取捨等一切萬法都是存在的——所取的善法也有，所捨的惡法也有。我們的理解是這樣的。

對於法義有不同的理解也是正常的，但是如果由此而說密宗不合理、加持不合理等等，就沒有必要了。但有時候也不要緊吧，佛教的所有派別都主張行持善法，在大的方面沒有什麼不同。

自古以來，宗派與宗派之間就有正常的辯論，但互相譭謗是不應理的。因此，對於某些不同的觀點可以在辯論中予以遮破，但辯論過後，也有必要將對方的觀點作為參考。

戊三、了知果般若

「廣說般若之本體」可分為基般若、道般若和果般若，對於這裡的科判安立方式，大家可以參考。有些藏漢高僧大德的注疏中，是將這一部分的科判立為「抉擇處非處為空性」。

漢傳佛教的一些修行人對科判不太重視，很少對這方面進行分析，但藏傳佛教有這個傳統。從多年聞思、辯論、研討等方面的經驗來看，我們發現分科判是相當有必要的。不管是經還是論，分了科判以後，所有內容都一目了然，而且圍繞科判這個中心，解釋起來也非常方便。

經文中說：

無智亦無得，

從名言角度來講，智慧和所得應該是存在的。智慧有很多種分類：法身智慧、報身智慧、化身智慧，大圓鏡智等五種智慧，盡所有智、如所有智，佛陀的智慧、菩薩的智慧、阿羅漢的智慧、凡夫人的智慧等。

在未經詳細觀察時，這些智慧在如幻如夢的名言顯現中確實存在，因為這是佛菩薩的功德，或者是世間人所具備的才能。

「無智」，從最究竟的層面，以般若空性的道理進行分析時，這些智慧並不存在。

有些注釋中還講到了「六度智慧」，即布施度的無二智慧、持戒度的無二智慧等。然而，所有智慧在最究竟的層面，即般若波羅蜜多空性當中，都不可能存在，所以經中說「無有智慧」。

「亦無得」，也沒有「得」。「得」，指獲得的功德或菩提。

在名言當中，獲得聲聞、緣覺、菩薩、佛陀的果位時，所得的法（果位）也有，能得者補特伽羅也存在，果位元功德也全部具足。但這只不過是在未經觀察時所安立的，是瑜伽士通過修行所獲得的成就，真正以般若空性不可言說的實相境界來衡量時，能得、所得、得者這三者都不存在。

六祖在《壇經》中說：「本來無一物，何處惹塵埃？」也表達了任何法都了不可得之義。無垢光尊者在《七寶藏》中引用了很多續部中的教證，說明實相當中誓言、佛果、智慧等都不存在。

密宗的解釋

按照密宗觀點，眾生本來就是佛陀，當下具足圓滿智慧，所以無需重新獲得佛陀的果位與智慧。大譯師貝若扎那在《心經》的注釋中也是這樣講的。

前面講到的「色不異空」，也可以按照密宗觀點來解釋：色即空性，由空性的妙力中顯現色法，或者說由於自現不滅，故說「色不異空」。昨天有道友問到了這一點，我回去看了一下，覺得可以這樣解釋。

其實，按照密宗方式來解釋《心經》是很方便的。原因是，一般來講，《心經》是依第二轉法輪來解釋的，看起來是以抉擇空性為主；也有按照覺囊派他空觀點來解釋的，此時主要是抉擇如來藏本體光明不空。如果按照密宗的方式，則不分自空、他空，直接以二者圓融無違的方式來解釋，這樣就非常容易理解。

總之，「果般若」這個科判是從果位的角度，說明空性當中沒有所獲得的智慧與果位。

藏文本《心經》譯自漢文本？

這段經文在藏文當中是：「無智亦無得，亦無不得。」跟漢文本相比，增加了一個「亦無不得」，意為「得」和「不得」都是沒有的。對此，有些藏文注釋中說：「無得」是指，在勝義當中，一切所得之法都不存在；「亦無不得」是說，在名言當中存在所得之法，如所獲得的功德、佛果與智慧，以及五蘊、十二處、十二緣起等道般若所攝之法。

很多漢文譯本中都沒有「亦無不得」這句話，而藏文譯本中有，不知是不是因為譯師們所選的梵文版本不同。

在《心經》的漢文譯本中，法成法師的翻譯與藏文本最為接近。有些學者說，藏文本的《心經》是從漢文本翻譯過來的，這種說法還需要觀察。根據一些史書的記載來推測，藏文《心經》應該是直接譯自梵文本的。

大概在赤熱巴巾時代，法成譯師將很多漢文經典譯成了藏文，如《寶積經》的一部分，以及《楞伽經》《解深密意經疏》《賢愚經》等。從其傳記和一些史料中看，他也將很多藏文經典翻譯成了漢文。在敦煌石窟的古書中，就發現了法成法師翻譯的漢文本《般若波羅蜜多心經》，與藏文本在內容上一模一樣。

任杰老師以及一些學者，尤其是研究《心經》的大學老師們，都異口同聲地說藏文本的《心經》譯自漢文本。但是，在法成法師的譯著當中，並沒有發現從漢文譯成藏文的《心經》，只發現了從藏文譯成漢文的《心經》。所以，說法成譯師將《心經》從漢文譯成了藏文的說法好像不是很可靠。

剛才說到，唐玄奘譯本和鳩摩羅什譯本都沒有「亦無不得」這句話，而法成法師譯本和藏文譯本中都有。這句話意為，在名言當中是有獲得的——不僅果般若所攝之法有獲得，而且道般若所攝之法也有獲得。

以上就是「廣說般若之本體」中的基般若、道般若與果般若之義。

丁三、證悟般若空性之功德

以無所得故，菩提薩埵；依般若波羅蜜多故，心無罣礙；無罣礙故，無有恐怖，遠離顛倒夢想，究竟涅槃。

「以無所得故」，剛才講了，在般若波羅蜜多空性的境界中，不僅沒有所得的智慧和果位，也沒有五蘊、十二處、十八界、有為法、無為法等一切法。也就是說，在實相當中根本沒有任何所得。

我們在學習中觀或讀誦《般若經》時也能瞭解到，菩薩修行達到一定境界時，會親證不存在有、不存在無、有無二者都不存在以及有無二者以外的法也不存在的境界。所以在實相當中，真正的「獲得」是根本不存在的。

「菩提薩埵」就是菩薩，這屬於尊重而不翻譯的情況。「菩提」意為覺，「薩埵」即勇識，意為心很勇敢，「菩提薩埵」就是已經覺悟的很勇敢的眾生。藏文的「菩薩」是「向卻森華」（བྱང་ཆུབ་སེམས་དཔའ།），意思也是具有覺悟的勇士。

「菩薩」為何具有這樣的含義呢？一是因為，菩薩要在無量劫中度化無量的眾生、行持六波羅蜜多，這樣的事只有非常勇敢的人才能做到，而不勇敢的人則望塵莫及。二是因為，在如此行持的過程中，還要具有一定的覺悟，沒有覺悟是不可能做到的。

出家人也可稱為「菩薩」

實際上，真正的出家人也可以說是菩薩。因為，如果沒有覺悟，就不可能萌生出家的想法；如果心不勇敢，也不會真正出家。現在很多居士經常說：「我很想出家，在家裡很煩，在社會上也很煩很煩！」雖然這樣說，卻一直猶豫不定。他們是有一點點覺悟的，但不敢真正行持，甚至覺得沒有頭髮都是非常可怕的事情。

其實，哪怕出家一天，也有不可思議的功德。我遇到過一些老闆、有錢人，他們自以為非常了不起，我就說：「雖然你有很多錢財，受到眾人的羨慕，但跟一位特別貧窮的出家人相比，還是出家人的人身更有價值。」

但是，有些出家人卻沒有這個覺悟，以為出家以後只能這樣過日子。其實，真正有覺悟的出家人不會這樣，他們放棄了外在的一切，對於生活瑣事並不在意，而且下定了決心：「哪怕是天塌下來，我也要走我的路！」這樣的話，任何違緣也無法將其摧毀。

「依般若波羅蜜多故」，在般若空性的境界中，一切法都了不可得，所以菩薩都要依靠般若波羅蜜多——以前是這樣，現在也是這樣。可以說，不依靠般若波羅蜜多的菩薩是沒有的。

怎麼依靠呢？並不是說將《心經》放在身邊就算是「依靠」了，而是要將其作為自己觀修的主要法門，以其精神來約束自己，經常聽聞、憶念經中之義，有因緣時還要為他人宣講。

「心無罣礙」，依靠讀誦、觀想般若，也會逐漸獲得心無罣礙的境界。因為般若的空性智慧，可以掃除眾生心中的迷亂障礙。菩薩依靠般若如理修持，也會將相續中的煩惱障與所知障遣除無餘。

「無罣礙故，無有恐怖」，如果通達了般若空性，就不會再患得患失、焦慮不安，從而斷除自相續中的障礙，斷除障礙以後，依障礙而生的恐怖也就全部消失了。

三界輪迴中的恐怖是不可言說的，人、天人、地獄眾生等都有各自的痛苦和恐怖。然而，一旦心中沒有罣礙，這些痛苦和恐怖將立即消失殆盡。

「遠離顛倒夢想，究竟涅槃」，這樣一來，眾生將遠離三界輪迴中的所有顛倒夢想。

漢地古大德的一些講義中講到了五種恐怖，即害怕死亡、害怕得到不好的名聲、害怕墮入惡趣、害怕沒有威嚴等[18]。

藏傳佛教的一些講義中說：如果沒有障礙，就沒有轉生輪迴的恐怖，六道當

---

18 五種怖畏：（一）不活畏，又稱不活恐怖。謂初學者雖行布施，但因恐懼自己不能過活之故，常積聚資財，未能盡施所有。（二）惡名畏，又稱惡名恐怖。謂初學者為度化眾生而同入酒肆等處，然未能安行自若，猶懼他人之譏謗。（三）死畏，又稱死恐怖、命終畏。謂雖起廣大之心而施與財物等，但仍怖死，故未能捨身。（四）惡道畏，又稱惡趣恐怖、惡趣畏、墮惡道畏。謂恐懼造作不善業而墮於惡道，故恆處於怖畏中。（五）大眾威德畏，又稱眾中恐怖、大眾畏、處眾怯畏。謂於王廷執理之處或善解法義之威德大眾前，恐懼自己言行有失，而不能於其前為獅子吼。此五種怖畏，於入初地時即遠離之。

中迷亂顛倒的夢想也會蕩然無存。

以《心經》對治煩惱

通達般若空性對日常生活也是有幫助的，由於心中沒有諸多罣礙，很多違緣和恐怖就會被遣除。

不知我講過沒有，有一個人還沒有正式皈依佛門，但是她對我說：「我現在雖然不懂《心經》，但是每次跟丈夫吵架以後，只要關上門，好好讀一遍《心經》，就覺得什麼都空了，心裡也舒服了。這個時候再打開門，看看丈夫的臉，就發現他慈悲多了，我跟他也有共同語言了。」（眾笑）這也是一種遠離恐怖。

我想，《心經》的加持的確不可思議。那個人可能每次都安住在空性當中，坐一會兒，然後轉變就發生了。

在我們這裡，有些金剛道友共同發心或共住一處，也會產生一些煩惱。我聽說，前段時間來了小偷，有些女眾特別害怕，就三三兩兩地住在了一起。但是因為她們在很多方面有不同觀點，心裡也有點煩惱。如果在產生煩惱時，關上門，念一遍《心經》，心中的障礙與恐怖也就消失了——「無罣礙故，無有恐怖」。

這也是一種對治煩惱的方法。

密宗的解釋

經中講到，心無罣礙就無有恐怖，遠離顛倒夢想，最後獲得究竟涅槃。依靠《般若波羅蜜多心經》，相續中的障礙、執著會全部斷除。

按照密宗的解釋方法：自心本性無來無去，所知障、煩惱障在心的自性中本不存在，三界輪迴如夢想般的執著本來清淨，所以眾生本來就安住於涅槃。

當然，我們首先要明白佛陀第一轉法輪、第二轉法輪和第三轉法輪的意義，在此基礎上才能明白密宗所宣說的道理。

次第修行

現在有些人認為密宗特別簡單，不用修加行就可以趨入。尤其到了北京、上海一帶，很多人問：「現在有人說，交六百塊錢就可以代替修加行，到底可不可以啊？」我說：「這樣開許的人，如果是個大成就者，我作為一個凡夫人根本沒有能力去評判。但是，像華智仁波切、麥彭仁波切、法王如意寶等傳承上師們，都特別強調修五十萬加行。如果交六百塊錢就可以解決問題，傳承上師們會不會這樣強調呢？所以，我對這種做法還是有點懷疑的。」當時我這樣說也許得罪了一些人，但該說的還是要說。

當然，如麥彭仁波切在《定解寶燈論》中所講，我們也不敢說這種做法一定是非法，也許有些人真的不需要修加行就能獲得成就。如果是這樣，我們也很隨喜，但真正能做到的人還是非常少的。現在，這樣的「方便道」比較多，究竟是好是壞也非常難說。

聽說，有一位寧瑪巴的上師問一位格魯派的格西：「你說，修黃教的法成就快，還是修紅教的法成就快？」格西說：「肯定是修你們的法成就快嘛，因為你們只要交六百塊錢就可以了。」這是個很尖銳的回答，聽起來像是開玩笑，但是我想，這樣的做法會不會令一些傳承上師的教言隱沒呢？大家應該考慮一下。

總之，密宗的確有修行的捷徑和方便道，但是如果沒有掌握好，也很難迅速獲得涅槃。

丁四、證悟般若空性之果位

三世諸佛依般若波羅蜜多故，得阿耨多羅三藐三菩提。

過去、現在、未來的所有佛陀，都是依靠般若波羅蜜多而獲得阿耨多羅三藐三菩提的。

「阿耨多羅三藐三菩提」是梵語。「阿耨多羅」意為無上，其中「阿」是否定詞「無」，「耨多羅」是「上」；「三藐」是「正等」；「三菩提」為「正覺」。「無上正等正覺」是佛的名號之一。佛陀有很多功德，為了表示尊重並彰顯其不同的功德，我們就分別稱佛陀為「如來」「無上正等正覺」「善逝」等。

一位禪宗和尚曾說：「禪宗的很多大德都獲得了佛果，但他們不能叫『六祖佛』『五祖佛』，為什麼呢？因為娑婆世界有一個規定，只有釋迦牟尼佛才可以叫『佛』，其他人都不能叫。就像學校裡只有一個人可以當校長，其他人都不能當一樣。」不知道這樣的說法是否合理。

像拘留孫佛等過去諸佛、釋迦牟尼佛等現在諸佛、彌勒佛等未來諸佛，都是依靠般若法門而通達萬法真相，並獲得無上正等正覺果位的。當然，並不是說所有佛陀都是依靠《心經》而成佛的。因為按照我們的教法，《心經》是釋迦牟尼佛所宣說的，過去佛出世時有沒有《心經》不太清楚。

平時，我們恭敬法本、念誦經文、將法本隨身攜帶，都是非常有必要的。作為修行人，如果對上師和佛法有一種不共的尊重心，就可以獲得不共的加持和利益。

大家平時也應該這樣想：「過去、現在、未來所有的佛，都是依靠《心經》《金剛經》等般若經典而獲得果位的，因此空性法門是真正的見解脫、聞解脫、觸解脫。遇到這樣的法門，我們應該倍感歡喜和榮幸，並好好珍惜這種因緣。」

然而，相續中有顛倒邪見的人可能會想：「這些道理我也寫得出來，而且我的文筆可能更好！你看，這裡只有兩百多字嘛，有什麼了不起的，一些博士論文有幾十萬字甚至幾百萬字呢。」

雖然看起來都是一樣的文字，實質上卻有天壤之別，就像真正的珍寶和贗品二者往往價值迥異一樣。我們作為修行人，理應對佛經倍加恭敬與珍愛，這是很重要的。

丁五、宣說具有功德之密咒

故知般若波羅蜜多，是大神咒，是大明咒，是無上咒，是無等等咒，能除一切苦，真實不虛。

《心經》也可以稱為咒語。對於這部分內容，不同論師有不同的解釋方法。榮敦大師說，以上已經宣講了基般若、道般若、果般若，以及證悟般若空性的究竟功德，以下這部分內容則宣講了無上密乘的道理。覺囊派的多羅那他大師在顯現上認為這種說法不太合理，但並未講出具體理由。

按照顯宗觀點，這部分是以歸納的方式宣講具有功德的咒語。

「故知般若波羅蜜多，是大神咒」，所以我們應該知道，般若波羅蜜多是大神咒。這裡的「般若波羅蜜多」，指以上所講《心經》的經文。

為什麼說《心經》是大神咒呢？大家都知道，神通、神變是可以令人們輕而易舉實現所願的方便方法。對於修行人來說，想要遠離痛苦、獲得解脫等一切願望，都可以依靠《般若波羅蜜多心經》無勤獲得，就像顯現神變一樣，所以說《心經》是一個大神咒。

因此，並不是只有像「嗡瑪呢巴美吽」「嗡班匝兒薩埵吽」這樣的心咒才叫做咒語，一些竅訣以及具有殊勝威力的語言也可稱為咒語。

那麼，《心經》屬於什麼咒呢？

這裡首先講到，它是大神變咒。因為，依靠其他方式無法獲得的成就，依靠空性法門會輕而易舉地獲得。所以《般若經》及中觀論典中經常講，若想獲得聲聞、緣覺、菩薩等解脫果位，就必須學習般若波羅蜜多。

「是大明咒」，《心經》所宣說的般若空性是智慧的本性，因此它還是大明咒。

大明咒，即光明的咒語。在它面前，以貪嗔癡為主的八萬四千煩惱以及所有愚癡黑暗，當下即被摧毀無餘。所以說，《心經》是世間無與倫比的大光明咒。

「是無上咒」，世間任何咒語都無法與之相比。道教、婆羅門教等均有各自的咒語，但都無法與《心經》相比。即使是出世間聲聞緣覺的法門，也比不上大乘般若波羅蜜多。所以，《心經》是超越一切的無上咒語。

「是無等等咒」，世間沒有能與之等同的咒語。不管是從其本身的文字、加持上來看，還是從持誦者所能得到的利益、功德上來看，任何世間的咒語或語言都無法與般若空性相提並論。

有些人可能想：「大圓滿法應該超越了般若空性吧？」這種說法是不對的，因為大圓滿的本體就是般若空性。無垢光尊者在《大圓滿心性休息》中闡述本來清淨之理時，所引用的教證全部來自《中觀根本慧論》《中觀四百論》等中觀論典。所以，般若空性堪稱世間無與倫比的咒語。

《心經》與佛陀無別

有些上師解釋說：「無等」指佛陀，意為世間無人能與佛陀等同；「等咒」指等同於佛陀的咒語，意為《心經》與真正的佛陀沒有差別。

在末法時代，眾生來到世間之時，佛陀早已趨入涅槃，我們都無緣見到佛陀的真顏。但是，若有幸見到般若法門，則與見到佛陀沒有什麼差別。從顯宗的角度來講，這樣解釋也可以。

從密宗的角度來講，如麥彭仁波切在《大幻化網總說·光明藏論》中所說，咒語即本尊。比如觀音心咒「嗡瑪呢巴美吽」，實際上就是觀世音菩薩，因為他已經幻化成文字的形象來度化眾生。

但是我們往往會想：所念的觀音心咒，是我自己的分別念和聲音，而觀世音菩薩是外在具有實體的一尊菩薩，如果我一直呼喚他，他就會顯現神變到這裡來。這說明，我們還沒有通達密咒與本尊一味之理。

如果真正通達了密咒與本尊無二，就會明白：密咒就是本尊，本尊就是密咒；般若空性就是佛，佛就是般若空性。也就是說，除了般若空性以外再沒有其他的佛，因此般若空性與佛陀完全等同。這個道理，無論以顯宗觀點還是以密宗觀點進行論證，都能夠成立。

有些注釋中說：「無等等咒」是從自利方面來講的，即獲得佛果達到自利圓滿；**「能除一切苦」**是從他利方面來講的，因為眾生可以依靠《心經》、般若空性的加持力，無餘遺除一切苦難和相續中的障礙。

在藏文譯本中，「能除一切苦」的後面還有個「咒」字，意為《心經》是能斷除一切痛苦的咒語。

「真實不虛」，《心經》是真實不虛的咒語，因經中所宣講的內容真實不虛，與法身無二無別。而且，《心經》是佛陀加持觀世音菩薩所宣說的金剛語，沒有任何虛誑的成分，其功德和加持力自然不會虛耗。

所以，平時念誦《心經》對即生證悟空性有相當大的幫助。即使此生未能證悟，也會在相續中種下般若空性的種子，待種子成熟以後，來世還會遇到般若法門，並很快斷除輪迴的根本。就像《中觀四百論》所講，不要說真正通達了般若空性的意義，即使只是對空性之理生起一點合理的懷疑，也能斷除三有的根本[19]。可見，般若空性的功德是相當大的。

有些講義中說，「真實不虛」是指般若空性與法身無二無別，因此《心經》具有如是加持是以法性力成立的。

以上宣說了《心經》的經文所具有的六種功德。有些論師認為，這六種功德是以下的般若咒語和上述經文所共同具有的，但這樣解釋可能沒有必要。因為，前面所講的般若空性之基道果等道理，本身就是無上咒、大神咒等。

故說般若波羅蜜多咒，即說咒曰：

19《中觀四百論》：「薄福于此法，都不生疑惑，若誰略生疑，亦能壞三有。」

因為《心經》具有上述種種咒語的功德，於是觀世音菩薩又宣說了般若波羅蜜多心咒，告訴我們如何以咒語的方式來修持《心經》。

揭諦揭諦　波羅揭諦　波羅僧揭諦　菩提薩婆訶

「揭諦揭諦」，「揭諦」意為去或證悟，「揭諦揭諦」就是「去吧，去吧！」

「波羅揭諦」，「波羅」意為彼岸，「波羅揭諦」就是到彼岸去。

「波羅僧揭諦」，意為到真實的彼岸去。

「菩提薩婆訶」，「菩提」意為正覺。「薩婆訶」也譯為「娑哈」，以前很多譯師將其解釋為祝願詞「請」「但願」「祈願」「祝願」等，這個詞也有「祈願到那裡安住」的意思。所以，「菩提薩婆訶」意為祈願你到達菩提果位，並永遠在那裡安住。

整句咒語可以解釋為：請你去吧、去吧，到彼岸去，到真實的彼岸去，但願你得到菩提的果位，並永遠在那裡安住。

此咒的顯義與隱義

顯義如前所講。輪迴是此岸，涅槃是彼岸，三界眾生正住在輪迴的此岸，沉溺於苦海當中。於是觀世音菩薩代表佛陀對我們說：「所有可憐的眾生啊，你們不要繼續待在輪迴當中了，馬上離開輪迴吧！趕快到彼岸去，快去快去，一定要到彼岸去！」

表面上看，這個咒語很簡單，有些人可能會想：「念誦它應該沒有什麼加持吧？」其實，這個咒語是佛陀以金剛意加持、觀世音菩薩以金剛語所宣說的，因此極具加持。

我剛才講了，「揭諦」有「去」的意思，也有「證悟」的意思，因此這個咒語也可以解釋為：證悟、證悟，證悟真實義，證悟真正智度之義，證悟正覺之大義。

關於隱義，很多論師是這樣解釋的：第一個「揭諦」，勸請我們這些凡夫眾生證悟資糧道；第二個「揭諦」指證悟加行道；「波羅揭諦」指證悟見道；「波羅僧揭諦」指證悟修道；「菩提薩婆訶」指證悟無學道。

因此，這個咒語所隱含的意思是：「可憐的眾生啊，不要再沉溺於輪迴當中了，獲得人身非常不易，切莫渾渾噩噩地度日，一定要好好修行！通過如理修行，會依次證悟資糧道、加行道、見道、修道和無學道，理應這樣去做。」

這是大慈大悲的佛陀，見眾生非常可憐，還沒有證悟空性，因此加持觀世音菩薩所宣說的甚深空性法門。但很多眾生好像對此視而不見，仍然覺得輪迴很快樂，一直沉溺其中。

其實佛陀已經告訴了我們：輪迴當中沒有什麼快樂，應該儘快去修行、去證悟；而且，修行、證悟和得果都是次第性的，不能跨越中間的過程，因此應該先修資糧道、加行道，一步一步地圓滿五道。

念誦方式

這個咒語，按照漢文或藏文的翻譯來念誦都可以。

藏文本的咒語，前面還有「達雅塔 嗡」，即「達雅塔 嗡 嘎得嘎得 巴繞嘎得 巴繞僧嘎得 布達耶娑哈」。「達雅塔」意為即說咒曰；「嗡」是表示吉祥或祝願的開端詞；「嘎得嘎得」就是漢文譯本中的「揭諦揭諦」，因為梵語中的「嘎」和「揭」基本相同；「布達」就是「菩提」；其他方面沒有大的差別。

在歐美，很多人念的《心經》是從藏文本翻譯成英文的。法王如意寶去美國、加拿大時，聽他們念的就是：「達雅塔 嗡 嘎得嘎得 巴繞嘎得 巴繞僧嘎得……」他們用英文念的咒語，好像比我們用藏文念的還清楚，因為他們的發音特別准。之前我從杭州去上海，在機場遇到了一個居士，他既會日語也會英語。登機前，我們在那兒休息了很長時間。他的包裡裝著一本《心經》，我就說：「你給我念一下日文的《心經》吧。」他就念了，後面的咒語跟藏文的發音是一樣的：「達雅塔 嗡 嘎得嘎得 巴繞嘎得 巴繞僧嘎得……」他念「巴繞」的時候，發音相當准。不管怎麼樣，不同國家的人可能有不同的發音方法。

大家清楚，世界上凡是學大乘佛法的人基本都念《心經》。以前上師如意寶去新加坡的時候，正逢一些斯里蘭卡的比丘被迎請到新加坡去開法會，他們當時也念了大乘佛法中的《心經》，給我留下了比較深刻的印象。我還記得，他們念咒語時的發音是「揭諦揭諦 波羅揭諦……」，經文部分是不是用中文念的我記不清了。

現在很多《心經》的注釋中也介紹說：在美國、法國、馬來西亞等國家，很多佛教徒都在念誦《心經》；甚至在柬埔寨，《心經》也成了當地佛教文化的一部分，而且逐漸融入了他們的民族文化。因此，《心經》不僅在佛教儀式上經常出現，而且在人們的日常生活和民族文化中也隨處可見。

在有些漢文本中，咒語的發音與藏文基本相同。我最近又找到了《心經》的幾個漢文譯本。以前很多大師在國外弘法時也宣講過《心經》，他們當時使用的漢文本譯者不明，其中多數是從藏文翻譯成漢文的。

藏文《心經》的譯者為無垢友尊者

我昨天提到，有些人認為藏文本《心經》是由法成譯師從漢文本翻譯過來的，這種說法還需要觀察。後來，我看到了一些可靠的歷史資料，其中有比較清楚的記載，說藏文本《心經》的譯者是無垢友尊者，即密宗大圓滿傳承祖師布瑪莫扎，他是一位非常了不起的譯師。

咒語功德不可思議

我剛才也講了，對於《心經》中的這個咒語，大家千萬不要覺得它沒有加持。大家可以看看麥彭仁波切的《淨除業障百咒功德》，看了之後就會對於咒語生起很大信心。像「嗡瑪呢巴美吽」「達雅塔 嗡 牟尼牟尼瑪哈牟尼耶娑哈」等咒語，我們表面上可能看不出它具有多大價值，因為這並不是凡夫人思維的境界。像多羅那他尊者、榮敦大師的注釋中都說，咒語的功德是不可思議的。

昨天有些道友在講考的時候，對於「多羅那他」這個名字還說不連貫……我想起今天有一個人給我打電話，他說：「您是不是『吉達索布堪』？」（眾笑）我想：「他在說什麼？」他又再三地說：「您是不是『吉達索布堪』？」我終於聽明白了，就對他說：「如果你把一兩個字換了位置還好，你怎麼把所有的字都換完了？」

不管怎麼樣，心經中這個咒語的功德是相當大的，如果沒有時間念誦整部《心經》，光念這個咒語也可以。比如遇到一些違緣或不如意的事情時，念這個心咒就有相當大的作用。

如果是以漢語來念誦，就念唐玄奘所翻譯的版本，這樣可能好一點。至於其他版本，如果那些譯師是成就了真實語的大德，他的語言當然具有加持，可以去念；如果不是的話，還是念唐玄奘的版本比較好，因為他對佛教事業的貢獻那麼大，而且上師如意寶也說過，唐玄奘是菩薩的化身，還講過很多這方面的公案。

以上就是「宣說具有功德之密咒」的基本含義。至於引申義，我今天不廣說。以前一位大德宣講《心經》時，將資糧道、加行道，一直到無學道之間的道理講得特別廣。我想，這些道理大家已經學過很多次了，像《大圓滿心性休息》等論典當中，對於五道地講得都比較詳細，所以我就不再廣說。

咒語的啟發

對於這個咒語的意義，大家也應該生起一些感觸。佛陀和觀世音菩薩一再勸我們「去吧、去吧……」，我們卻根本捨不得去，生不起出離心，一直對輪迴死執不放，這樣是不合理的。

我們也應該想一想：人身相當難得，現在既然已經得到了，就應該想盡一切辦法遠離輪迴。如果這輩子沒有得到解脫，那下輩子也非常困難。所以，此生至少要在相續中打好出離心、大悲心和空性慧的基礎。在臨死之前，應該生起真實的出離心和菩提心，這樣一定會有解脫的希望！

其實，無論是世間的老師，還是出世間的上師，對於不聽話的學生或弟子都無可奈何。如果他們讓弟子好好學習，但弟子就是不聽，那他們也沒有辦法。同樣，佛陀為有緣眾生指示了解脫道，但能否解脫就依賴於我們自己了。即使佛陀再慈悲，也無法用手把我們一個一個拉到彼岸去。

所以，在具足因緣、具備正知正念的時候，我們一定要好好觀察、思維：「從無始至今生，我一直沉溺在三界輪迴當中。再這樣下去的話，什麼時候才能得到解脫？若錯過此生，可能永遠都沒有機會了。所以，現在什麼都不重要，工作、生活、名聲、地位……對我來說都是如幻如夢的顯現。最重要的就是獲得解脫，也就是為了利益眾生而獲得佛果。」

大家應該在心裡有這樣的打算，有了這樣的打算就會有所行動。就像關在監獄裡的人，即使有吃、有穿、有地位，心裡還是不舒服，總想早一點被釋放。我們也是同樣，即使在輪迴中有各種享受，心裡也要清楚：「這些都不重要，我還是要獲得解脫，只有獲得解脫才能利益無量眾生。」

總之，大家明白了這個咒語的意義以後，應該有一種覺醒，這比較重要。

以上已經把唐玄奘譯本中的內容全部講完了，但按照藏文譯本和科判，後面還有一些內容。

丁六、教誡修學般若法門

大家可以看法成譯師的版本，這個版本跟藏文本的內容基本一致，而且法成法師是非常了不起的大譯師。不同譯師之間還是有一定差別的，雖然他們都能將經文內容翻譯出來，但是我覺得，翻譯家有一定的證悟非常重要。

我對法成譯師有很大的信心，因為他將很多佛經從漢語譯成了藏語，貢獻相當大。比如《賢愚經》，藏地的很多寺院、上師都會宣講，以前上師如意寶講這部經的時候我就想：「法成譯師的功德真的很大！」

法成譯師當時好像住在蘭州一帶，處於藏漢民族交界處。他學習了漢文和藏文，後來成了一位非常了不起的譯師，將很多漢文經典譯成了藏文，也將一些藏文經典譯成了漢文。我們現在看到的藏文本《賢愚經》，文字特別美、特別好。

總之，法成譯師所翻譯的經典應該是非常可靠的。

法成譯師的譯本中說：

「舍利子！菩薩摩訶薩應如是修學甚深般若波羅蜜多。」

觀世音菩薩宣說了密咒後，對舍利子說：「舍利子，大菩薩應該修學般若波羅蜜多。」

也就是說，觀世音菩薩將《心經》的道理進行總結並交付於舍利子，告訴他：凡是發了菩提心的大菩薩，一定要學習以《心經》為主的般若空性。

我們後人也應該根據自己的能力去修學般若，這很重要。彌勒菩薩說，獲得見道（一地菩薩）的根本因有三種：一、為他人宣講般若；二、令他人的相續中現前般若空性之義；三、自己入定修持般若。這三種行為中的每一種都有不可思議的功德。

我那天也引用過《佛說佛母出生三法藏般若波羅蜜多經》中的教證，釋迦牟尼佛對阿難說：「對於我所宣說的其他法門，若失毀、遺忘了，過失並不大；但若將般若法門失毀、遺忘了，則過失非常大[20]。」

宗喀巴大師在《金鬘疏》中也引用教證說：若令聲聞種姓者受持般若空性，

20《佛說佛母出生三法藏般若波羅蜜多經》：「阿難！於我所說一切法中，唯除般若波羅蜜多不可忘失。若有人受持此法門時，乃至一字一句錯誤忘失者，其罪甚重，是人不令我心生喜；若於餘法有所忘失，其罪乃輕。」

此後他在般若的境界中安住一天，這種功德比令三界眾生都獲得聲聞果位的功德還要大。其實，讓三界眾生全部獲得阿羅漢果位的功德是相當大的，但這也比不上前者的功德。去年我們學習《大圓滿心性休息大車疏》，在密宗部分也講到了這樣的道理。

因此，觀世音菩薩在這裡總結性地教誡後人要修學般若。

弘揚《心經》

我們以後在有因緣、有能力的時候，也應該盡心盡力地為別人宣講《心經》。當然，講的時候一定要注意，自己所講的道理一定要契合經義，並儘量符合高僧大德們的教言，不能隨隨便便宣講，這一點很重要。即使是世間人開會，講話的時候也要十分注意，更何況是傳講佛經呢？

而且，我們應該以利他心來宣講，「這些人每天都在念《心經》，卻一點都不懂得其中的意義，真可憐哪！」以這樣的悲心為別人宣說是很重要的。

另外，自己也要經常安住於般若空性的境界當中，這個功德非常大。

以前上師如意寶給我們念過《心經》的傳承，我在其他堪布面前也得過，所以大家這次應該得到了清淨的傳承，以後要將其傳給別人。

如果實在沒有人願意聽，你就多印一點《心經》發給大家，這部經只要一頁紙就夠了。我出去的時候，一想到《心經》的功德那麼大，就會印很多，碰到有幾百人放生的場合，就給每個人都發一張，並勸他們「多念《心經》、多念《心經》」。因為在那樣的場合，其他的話也沒辦法說——很多人在外面放生，心也是不定的，身體也是不定的，不像我們坐在這裡上課，可以講很多道理。

總之，大家以後如果有機會講《心經》就儘量傳講，如果沒有這個機會，就把《心經》多印一些，發給親朋好友等有緣眾生，讓他們多念一點。前一段時間，我們準備多印一些《心經》，放在給大家的新年祝福裡，並告訴大家：「多念《心經》，因為念《心經》會發財，會讓你找到心儀的對象……」（眾笑）

乙二、經佛認可而遣除懷疑

爾時，世尊從彼定起，

前面釋迦牟尼佛安住於甚深光明的等持當中，舍利子向觀世音菩薩提出了問題，觀世音菩薩也把《心經》的內容全部講完了，這個時候釋迦牟尼佛才出定。當然，在佛陀的境界中是不分出定、入定的，但在顯現上有。

剛才這個過程，有點像在某一個場合當中，最大的上師一直坐在那不說話，有人提出問題，另一個上師對他做了回答，全部回答完以後，最大的上師才開始說話……

佛陀起定後，讚歎聖者觀世音菩薩：

告聖者觀自在菩薩摩訶薩曰：「善哉，善哉！善男子！如是，如是！如汝所說。彼當如是修學般若波羅蜜多。一切如來亦當隨喜。」

「告聖者觀自在菩薩摩訶薩曰：『善哉，善哉』」，這是佛陀對觀世音菩薩的認可。因為《心經》的內容全部是由觀世音菩薩宣說的，所以佛陀最後要予以認可。

「善男子」就是好男子。

「如是，如是」，是這樣，是這樣！你說的一點都沒有錯，無論詞句還是內容都很正確。

「如汝所說。彼當如是修學般若波羅蜜多。一切如來亦當隨喜」，對於你所宣說的般若波羅蜜多，菩薩皆當如是修學。而且，不僅是我釋迦牟尼佛，所有如來都會隨喜你所宣說的內容。

佛陀認可的必要

在經文中，「爾時，世尊從彼定起」之前的內容是佛陀意加持的佛經；剛才講的「善哉善哉……」這一段，是佛陀親口宣說的佛經；後面的流通分是佛陀開許的佛經。可見，佛經有很多分類。

藏傳佛教的一些《心經》講義中說，如果佛陀沒有如此讚歎，舍利子的心中就會有一點疑惑：「我剛才是不是問錯了？」觀世音菩薩也會疑惑：「我雖然已經宣講了般若波羅蜜多空性，但我講的到底對不對呢？」而且，在場的人、天、羅剎、夜叉等也會懷疑：「觀世音菩薩對舍利子的回答到底是否正確呢？」

經佛陀認可後，舍利子就會覺得：「今天我提出的問題很到位、很好，連佛陀都已經認可了。」觀世音菩薩也會想：「今天我回答得很好，佛陀很高興，他說『善哉，善哉！如是，如是！』那我肯定是依靠佛陀的加持，完全說對了。」其他眾生也會想：「今天觀世音菩薩宣說的道理，已經被佛陀認可了，因此這些話跟佛陀親自所說就沒有任何差別了。」

這就好像，對於某些問題，如果上師沒有開口，大家就會想：「這樣說到底對不對啊？」如果上師簽字或親口說：「他講得對」，大家的疑惑就會被遣除。以前，我們學院有些堪布剛開始講課時，也需要一些大堪布的認可，如果沒有這個認可，大家就會有點疑惑：「他講的到底是不是正法？」堪布自己也會想：「我講的到底對不對？」如果上師如意寶說：「你講得很好！」那麼上上下下所有人的懷疑就都遣除了，從此以後大家會認為，他講的法跟上師所講沒有什麼差別。

因此，佛陀這樣認可是非常有必要的。

甲三、隨喜讚歎

時薄伽梵說是語已。具壽舍利子，聖者觀自在菩薩摩訶薩，一切世間天、人、阿蘇羅、乾闥婆等，聞佛所說，皆大歡喜，信受奉行。

佛陀這樣說了以後，負責提問的舍利子非常高興，回答問題的觀世音菩薩也很高興，在場的天人、人、阿修羅、乾闥婆等都生起了歡喜心——每次佛陀說法的時候，都有不同形象、不同膚色、不同語言、不同種類的無量眾生集聚在一起。最後大家都依教奉行。

由此可見，雖然《心經》的文字很少，但它確實是一部完整的佛經。

我們這次傳講《心經》的過程中，聽眾當中不僅有人，可能還有我們看不見的很多眾生。願所有聽者都依靠般若空性的加持力和佛陀、法王如意寶的加持力，獲得暫時、究竟的利益，大家也應該這樣作意。

《般若波羅蜜多心經》傳講圓滿。

《心經》的修法

今天簡單講一下《心經》的修法。

前幾天，我已經按照藏漢佛教高僧大德們的傳統，在字面上對《心經》做了解釋。現在，大家應該懂得了一些以前未曾瞭解的道理。這一點，從道友們考試、提問和研討的過程中也看得出來。我想，通達《心經》是很有必要的，如果不瞭解《心經》，那學習中觀等甚深高法也有一定的困難。

我之前也多次提過，凡是大乘佛教徒都非常重視《心經》。

在藏傳佛教中，各教各派都念誦《心經》；尤其是修行人早晚課誦的時候，幾乎沒有不念《心經》的；超度亡人等任何佛事活動中，《心經》也都不可缺少。

在漢傳佛教中，寺院、居士團體以及個人的修行念誦過程中，《心經》同樣不可缺少。在放生或開光等佛事活動中，《心經》也非常重要。如果在修建房屋或舉行某種儀式前念誦了《心經》，事情就會進展得非常順利、圓滿，而不會遇到違緣、魔障。

不僅藏傳佛教和漢傳佛教重視《心經》，南傳佛教中也有相當一部分人經常念誦《心經》。本來，南傳佛教以修持小乘佛法為主，而且有些人對般若空性無法接受。但是現在，在泰國等國家，很多高僧大德和修行人都在持誦《心經》。

有一位泰國法師曾來到我們學院，後來他又邀請我去泰國，我就在一九九九年去了那裡。之後我發現，那位法師雖然是學修南傳佛教的大德，但他的念誦集中也有《心經》。

由此可見，佛教三大派別都非常重視《心經》。不僅重視，而且有為數眾多的人在念誦、修持且通達其義。

體悟《心經》

現在，學術界也有一些人專門研究《心經》，但有些人可能還沒有領悟到其中的真正含義，無法品嘗到甚深空性的美味。因為他們只是以學術研究的方式進行探索，有點像西方哲學的研究方式，這樣的話，恐怕只能從文化層面對《心經》有所瞭解，而無法體悟到遠離一切戲論的般若空性之義。

有些世間人雖然對三寶沒有什麼恭敬心、信心，但仍想學習佛法、探索佛法，原因是什麼呢？一方面，他們是將佛法作為自己的愛好；另一方面，他們將研究佛法作為獲得名聲、地位和財富的一種途徑。

在我們佛教界，也有一些人只是以辯論、研討的方式學習《心經》，從未深入思維過，因此也沒有真正領受到般若空性的意義。

以前，在一些辯論場所中，有些出家人都白髮蒼蒼了還在辯論。我想，在他們的心相續當中，佛法的真實境界應該是很難生起的。

法王如意寶曾在道歌中嚴厲呵斥過兩種人：一種是每天耽執詞句之糠秕的人，另一種是沒有任何聞思基礎就整天坐禪的盲修瞎煉之人。

有些佛教徒早上也念《心經》，晚上也念《心經》，每天都說「無眼耳鼻舌身意」，卻從來沒有想過其中的意義——大慈大悲的佛陀，為什麼說從色法乃至一切智智之間的萬法都不存在？這樣也是無法真正品嘗到《心經》之妙味的。

因此，真正的佛教徒，既要廣聞博學，也要實地修行。首先，要在具有法相的善知識面前聽受《心經》的教義。其次，自己要深入思考，僅僅聽聞而不思考是不行的。這部《心經》，雖然漢文只有兩百多個字，但若沒有思維，也無法領悟其深刻的內涵。

比如，對於「無眼耳鼻舌身意」這句話，我們就要去思維，最後真正明白為什麼說眼耳鼻舌身意都不存在。這樣產生的智慧叫做思所生慧。

有了思所生慧還不夠，一定要修。如果我們聽到別人說某個東西非常好吃，但卻不去品嘗，那即使他講得再清楚，我們也不知道這個東西到底是什麼味道，更無法消除饑餓。同樣，通過聞思對般若空性有了正確的認識後，也一定要實地修持。缺少修行，想領悟任何法都是非常困難的。

阿底峽尊者曾造過一個中觀的修法，過兩天也會發給大家，但最近可能沒有時間講。這個修法，是將一切萬法從色法和心法兩方面抉擇為空性的，非常殊勝。

總之，我們作為修行人，僅僅每天辯論、在口頭上言說還是不足夠的，一定要再再思維。《心經》的篇幅比較短，內容也比較略，大家應該都會念誦，也可以做字面上的解釋。在這幾天的講考過程中也看得出來，很多人都會講：「前面是緣起部分，中間是抉擇經義；抉擇經義中包括基般若、道般若和果般若；基般若中分為宣說五蘊空性和宣說七種甚深法……」但是，光會說而沒有思維是不行的，還應該經常思維其甚深含義。

修習《心經》的法器

一般來講，修《心經》的人最好有廣聞博學的基礎。當然，有些人好像缺少這方面的能力，一聽法就覺得不舒服。前兩天，有一個道友跟我說：「現在我每次聽法，心裡都特別煩，我要不要到漢地去？」我問：「你去漢地打算做什麼？」他說：「也沒有什麼想做的，只是覺得那樣可能會快樂一點。」我想，為了快樂而離開這裡，可能不太好。

不過，眾生的根機和意樂是千差萬別的。對於一部分人來說，即生當中真正要達到廣聞博學的程度也有點困難。但不管怎麼樣，還是不要離開《心經》的修法，這一點大家應該能做得到。

具體來說，修習《心經》需要具備什麼樣的條件呢？

第一，要對上師三寶有虔誠的恭敬心。若無恭敬心，相續中就不可能證悟空性義。如印光大師所說：「欲得佛法實益，須向恭敬中求。」

第二，要對眾生有大悲心。如果自己還不具足這一點，就要依靠《入菩薩行論》等論典生起大悲心、菩提心。

第三，要有空性正見。

這幾個條件是不可缺少的。

《大乘經莊嚴論》中說，修持禪定要具足九種住心等條件。但若不具足這些，修持《心經》的人，也要具備我剛才講的幾個條件。比如，要有基本的因果正見；對三寶有恭敬心、信心；對眾生有慈悲心；對般若法門有所瞭解，不會對空性生邪見，最好有一定程度的定解，這是很重要的。在此基礎上，還要瞭解經文中從「緣起」到「隨喜讚歎」之間的全部內容，至少能從字面上解釋，知道每一部分都在講什麼。

這樣的補特伽羅、修行人，可以說具足了修習《心經》的條件。

前行

陳設供品

如果有院子，就把院門鎖上，再鎖上屋門。

不管修什麼法，都要把自己的佛堂打掃乾淨。然後洗淨雙手，陳設佛像和供品。若要修持《心經》，可以在供臺上陳設釋迦牟尼佛的唐卡或佛像，還可以擺放《心經》《金剛經》等般若經典和小佛塔。之後，在三寶所依前擺放五供等供品。五供不齊全也不要緊，可以點一些香。總之，要把供品陳設得莊嚴、悅意。

時間安排

如果是專門修持《心經》，每天最好騰出幾個小時來觀修。具體時間可以自己定，有些人是早上就開始坐禪。

不要枯坐

我以前也講過，沒有任何竅訣地枯坐不叫禪修。在打坐過程中，要麼觀釋迦牟尼佛的佛像，要麼觀菩提心等修法。

有一部論著中有世俗菩提心和勝義菩提心的修法，我去年在醫院的時候本來想翻譯，但後來沒有翻譯成。那個修法的篇幅很短，也比較簡單。慈誠羅珠堪布的教言裡好像也提到過這個修法。

此外，還可以修中觀、般若空性；以前得過大圓滿灌頂，並在上師如意寶或其他上師前得過本來清淨、任運自成教言的，也可以觀修。

我發現學院裡有極少數道友，早上起來一直枯坐著。有些人可能以前在家的時候就有這種習慣。我問他是如何觀想的，他說什麼都沒有想，這樣可能不太好。無垢光尊者在《七寶藏》和《上師心滴》中都說過：如果一直修無念、不作意的法門，最高就是轉生到無色界。所以，大家坐禪的時候還是要借助竅訣，這很重要。

入座準備

在入座觀修之前，要把裡裡外外的事情都處理好，不要在打坐的時候突然想起電爐沒有關、煤氣沒有關……於是馬上站起來往外跑，這樣打坐就有點兒困難。

以前的一些禪師、高僧大德，在打坐前會處理好一切瑣事。噶當派的很多格西在教言中說：在坐禪的過程中，即使我的父親死了，我也不會出門。大家也應該這樣想：在坐禪的過程中，不管出現什麼事情，不管別人怎麼敲門、怎麼喊，我都不會出去。

坐式、除垢氣

首先，在比較舒適的坐墊上，以毗盧七法而坐。

再除三次垢氣，觀想：無始以來，以貪嗔癡為主的所有煩惱、障礙，全部從鼻孔中排出去。

然後，心完全靜下來。

皈依、發心

先皈依三寶，念誦皈依偈。

然後發菩提心：今天，我依靠《心經》這樣殊勝的般若法門而坐禪、修空性，並不是為了自己獲得阿羅漢果位，也不是為了自己身體健康或得到什麼，而是為了利益天下無邊的一切眾生。

正行

作意依《心經》成佛

按照以前很多高僧大德修《心經》的竅訣，在最初的一兩天當中，要這樣觀想：「我今天所修的法就是《般若波羅蜜多心經》，我要依靠它成佛！」要有一種非常強烈的作意。反複作意達到一百遍的時候，可能會有點困、有點累，此時就可以出定、休息了。中間休息時，回向、不回向都可以。

藏傳佛教有些大德的教言中說，這個修法要上午修五次，下午修五次，每次作意一百遍，這樣的話，一天就作意了一千遍。

如此修過之後，我們對《般若波羅蜜多心經》的「感情」就會很深，也會得到一種特別相應的加持。

所以，剛開始先不用觀想《心經》的意義，只要反複地想：「我要修持這部經典，一定要依靠這部經典而成佛」就可以了。

有些人可能會說：「這樣想一想算不算是坐禪，算不算是修法啊？」其實，這種懷疑只是我們的分別念而已。實際上，緣殊勝對境作觀想有非常大的功德。

無垢光尊者在《竅訣寶藏論》的前面部分也說：「持正法功德之六法：信解聽聞佛法與隨喜，讚頌趨入正法稍行持，皆離輪迴播下解脫種。」而《心經》是八萬四千法門、三大般若經的精髓，無論是將其作為分別念的對境，還是作為無分別的行境，都有很大功德。即使有人對其生嗔恨心：「哎，這個《心經》帶著好麻煩啊！」他可能暫時會感受一些果報，但從長遠來看，也會結下善妙的因緣。對此，《如意寶藏論》《入行論》中都有相關的教證。

因此，前面所講的這種作意方式是很有功德、很有加持的。我們平時經常胡思亂想：「今天我吃什麼菜？」「今年氣候很乾燥，怎麼不下雪啊？」這些分別念沒有太大價值，對於今生來世都起不到什麼作用。但是，如果將《心經》作為所緣，不斷地觀想：「我要依靠這部法成佛，我要依靠這部法成佛……」則有相當大的功德。

這樣觀修到量後，只要一想起《心經》，就會想到自己要依靠《心經》而成佛。

思維經義

然後就開始一步一步思維《心經》的意義：這一部分講緣起，這一部分講五蘊皆空，這一部分講十二處、十八界、十二緣起……

坐禪的方式跟前面是一樣的。

第一天可以全部用來思維「我要依《心經》而成佛，我要依《心經》而成佛……」。第二天可以只在前面過一遍「我要依《心經》而成佛，我要依《心經》而成佛……」，然後就開始思維《心經》的教義，即從「緣起」到「隨喜讚歎」之間的全部內容。一般來講，一坐當中大概思維四十到五十次。

具體的觀想方法，是借助離一多因等中觀推理，思維十二處如何不存在、五蘊如何不存在等道理。

智慧比較高、比較成熟的人，可以將《心經》的所有內容從頭到尾觀想一遍。如果智慧還沒有達到這種程度，那就反複觀想五蘊空或十八界空等部分內容。這樣觀修四十到五十次左右為一次禪定。

這是修法中最重要的部分。

聞思修三慧

大家平時也聽過《心經》，但是依靠聽聞所得到的智慧，與自己思維、修行所得到的智慧是完全不同的。因此，儘管大家聞思修行的時間比較緊，但還是應該自己去品嘗一下《心經》的味道。

所謂聞所生慧，比如聽上師講「眼耳鼻舌身意不存在」時，你會想：「對，在道理上確實是這樣的。」

進一步思維，你又會認識到：「是的，眼耳鼻舌身意這些法，無論如何也不會存在。」這是思所生慧。

而修所生慧，又與前者完全不同。當你運用上師教授的方法自己去推理時，相續中就會產生一種感悟：「的確，眼耳鼻舌真正是不存在的，這就是所謂的空性之義。但這也只不過是破了一個邊，如果再破下去，無明等的滅盡也不存在。因此，有的邊、無的邊都不存在，萬法遠離一切戲論。最後，以五蘊、十八界為主的所有萬法都可以抉擇為——在名言中是如夢如幻的顯現，在勝義中遠離一切戲論。」這樣的境界可以在自相續中油然而生。

通過對五蘊、十八界等的抉擇，我們可以推知，輪涅所攝的一切萬法，看似有如夢如幻的顯現，其本體卻怎樣觀察都得不到。因為，連十方三世諸佛都沒有得到的法，我們就更不可能得到了。這種得不到的境界實際上就是般若空性。在這樣的境界中安住一剎那，功德也是無量無邊的。

在修的過程中，首先要通過離一多因、金剛屑因、破有無生因等推理方法一直觀察。其次，在觀察所得到的境界中安住，到了一定的時候，自心就能夠不離這樣的境界。當然，從來沒有如此思維過，自心與空性法門也沒有相應過的人，剛開始要做到這一點有一定的困難。

以上就是《心經》的正行修法。

這個修法說簡單也非常簡單，因為《心經》在文字上是比較略的；說難也比較難，因為《心經》的意義非常甚深，想要真正獲得相應的境界並不容易。

勿強行修法

很多上師說，修行要契合自身的實際情況，這一點很重要。比如剛開始的時候，上午可以打兩坐，每次打坐半小時或一小時，時間不能太長。當自己能夠真正安住在空性的境界時，打坐時間就可以稍微延長。如果感覺不舒服，比如出現了頭痛等情況，就不能繼續修下去了，否則可能會出現精神錯亂等問題。所以，修任何一個法都要根據自己的四大調和情況靈活安排，並與自己的界性相應。

如果在身體不好的情況下，還要強迫自己修下去，心想：「遇到這樣的空性法門很難得，心臟再怎麼痛我都要使勁地修！」（眾笑）這種做法可能是不如法的。而且，麥彭仁波切、華智仁波切等很多大德都說，修行適合自己的心意很重要。

因此，修什麼法都儘量不要強迫自己，一強迫就會起反作用，效果自然不會好。總之，在修行過程中，我們既要精進努力，又要學會放鬆。如果覺得不適應，不能繼續修下去了，就應該及時休息。

如理安住

有些教言中說，在安住的時候，首先要抉擇一切萬法為空性，然後在不離空性定解和光明顯現的境界中安住。

上師如意寶在密法教言中說，安住有兩種：一種是不離空性境界的真正的安住；另一種則是安住在阿賴耶當中，此時自心處於愚癡昏昧、迷迷糊糊的狀態中，好像既非是也非不是，而且沒有分別念的起現。其實，後一種安住並非真正的修行境界，而是修行的歧途，大家不應將其作為正行。

輪番修持

在修行過程中，我們一定要時時對般若空性持有很大的信心，這很重要。首先要以單空為主進行修持，破除相續中的有邊。因為，我們無始以來都在串習「存在」——我也存在、柱子也存在、瓶子也存在……形形色色、裡裡外外所有的法都是存在的。

在這樣修持的過程中，我們有時可能會感覺不太適應，因為這種觀修跟自己無始以來的串習是完全相反的。如果實在修不下去，就不必強迫自己安住在空性當中，可以轉而思維《心經》等空性法門的功德，或者思維為眾生宣說般若法門的釋迦牟尼佛、觀世音菩薩的功德，比如：觀世音菩薩的大悲心如何強烈，他是如何利益眾生的；如果釋迦牟尼佛沒有轉般若法輪，世間有多少眾生還沉溺在輪迴當中……這樣憶念一方面可以消除疲勞，另一方面可以增上空性見解、積累功德。

在專門修持《心經》的幾天當中，能安住的時候則安住，不能安住、坐間休息的時候就可以讀誦、繕寫、供奉、思維、聽受或傳講《心經》，這些善事是不能離開的。

以上就是正行的簡單修法。

後行

每一次觀修圓滿都要回向：我這次依靠上師三寶的加持，有了觀修《心經》的殊勝因緣，我要將此功德回向給輪迴中的一切眾生，願這些可憐的眾生早日獲得解脫！

另外，我們也應該對眾生生起更為強烈的大悲心。輪迴中的很多眾生，不要說聽聞這麼甚深的空性法門，他們連佛陀的名號也聽不到。有些金剛道友的家人就是如此，他們生活的地方也的確算是邊地，是沒有佛法光明的黑暗之地。那裡的很多人，將出家人看成是夜叉、羅剎一樣的眾生。有些道友想回去的時候就問我：「我回到家裡以後，可不可以穿在家人的衣服？不然我的親朋好友會覺得非常不方便。」每次聽到這些情況，我就覺得他們非常可憐，連三寶的名號都沒有聽過，還經常對因果心生邪見。

除了人類以外，天上天下還有無量無邊的可憐眾生，我們也願他們早日獲得成就，依靠這樣的般若空性法門而獲得證悟。

修行《心經》後，我們的相續中應生起這樣的功德：一方面，對般若法門和整個大乘佛法具有堅定不移的信心；另一方面，對可憐的眾生有著更加強烈的悲心。

我們還應該這樣發心：以後只要有機會就要宣講《心經》，只要對方能接受，哪怕只有一個人，我也要把《心經》的道理和自己相續中對《心經》的證悟講給他聽；哪怕能令一個人在一生當中好好讀誦《心經》，領會《心經》的意義，我就沒有白來人間一趟！

大家不要覺得這樣的目標太小，如果目標和願望太大，則不一定容易實現。比如說，「願世界上所有眾生都由我一個人來度化」，這在短短的一生當中能否實現呢？恐怕很難說。

在釋迦牟尼佛的傳記中，有時會以最主要、最典型的一個故事來描述他的一世，比如一生當中只度化一個眾生。我想，在這個五濁興盛的時代，一個凡夫人要在一輩子當中度化所有眾生，其實是比較困難的。

我經常想：自己雖然沒有什麼證悟，但對空性法門和三寶的信心卻是千真萬確的。這種信心，遇到任何違緣和困難的時候都不會失毀。除非是自己得精神病或者著魔了，因為人的身心狀態有時非常難以掌握，尤其是遭遇外魔或受到神經損傷的時候。除了這種情況以外，任何科學家來到我面前，無論對我說什麼，都無法動搖我對三寶的正信——這樣的凡夫正見，我想我肯定是有的。

有時我還會想：我在這樣寂靜的山溝裡聞思了二十多年，終於在相續中培養出這樣一個小小的正見。其實，這樣的正見很多人都不具備。包括有些穿著袈裟的出家人，時而也會對三寶半信半疑。如果我能將這個正見傳遞給別人，就算沒有白來這裡，自己的努力也沒有白費。

總之，我們應該對所有眾生生起大悲心，這是很關鍵的。

回向功德以後，平時的言行舉止也應以如夢如幻的空性境界來攝持，所作所為不離菩薩行，精勤地利益眾生、饒益有情。

以上就是《心經》的大概修法。

使人身具義

我們得了人身以後，應該做一點有意義的事情。對於空性法門、對於這樣殊勝的般若精要，哪怕在短短的時間內觀修，也有很大的功德和利益。希望大家平時經常念誦《心經》，並隨文入觀般若空性之義。

另外，大家以後遇到與自己有緣、對空性不會生邪見的人，也要儘量勸他們持誦《心經》。其實，很多人只要瞭解了《心經》的功德，都會馬上接受的。勸人修誦《心經》，不僅對他人有利，對自己也有很大的利益。希望大家都能以《心經》來利益眾生。

弘法利生的方便法

我想，《心經》可能是最方便弘揚、傳講的一部經了。若想廣說，則可以講很多天；若要略講，也可以很快講完。我看國外一些文殊菩薩的化身、觀世音菩薩的化身、大勢至菩薩的化身，以及其他很多高僧大德，都在各個國家弘揚《心經》。一九九九年我們在新加坡的時候，我看到那裡有很多藏傳佛教大德的《心經》講記，有的比較厚，有兩三百頁；有的比較薄，只有一百多頁。如果略講的話，半個小時就可以講完——先念個傳承，再講一下大概意思，並勸大家以後多多持誦，這樣宣講也有很大功德。

另外，《心經》是誰都認可的，因此方便傳講。如果講《大圓滿前行》或其他某些法，別人可能會說：「這是密宗的法，我不能學。」——儘管他自己什麼顯宗密宗的境界都沒有，還是會這樣說。但如果要講《心經》，大家都不會拒絕。所以，講《心經》應該是最方便的。

最後，我們將此次講聞佛法的功德回向給一切眾生，願他們早日證悟般若空性之義、獲得成就！

無罣礙——《心經》讓你放下

作者　索達吉堪布
封面設計　陳俊言
行銷業務　王綬晨、邱紹溢、劉文雅
行銷企畫　黃羿潔
副總編輯　張海靜
總編輯　王思迅
發行人　蘇拾平
出版　如果出版
發行　大雁出版基地
地址　新北市新店區北新路三段207-3號5樓
電話　02-8913-1005
傳真　02-8913-1056
讀者服務信箱　E-mail andbooks@andbooks.com.tw
劃撥帳號　19983379
戶名　大雁文化事業股份有限公司
出版日期　2024年10月 初版
定價　420元
ISBN　978-626-7498-38-5（平裝）

歡迎光臨大雁出版基地官網
www.andbooks.com.tw

國家圖書館出版品預行編目（CIP）資料

無罣礙：《心經》讓你放下／索達吉堪布著. -- 初版. -- 新北市：如果出版：大雁出版基地發行, 2024.10
面；公分
ISBN 978-626-7498-38-5（平裝）
1. CST：般若部　2. CST：注釋　3. CST：佛教修持

221.45　　113014368